Frettchen

Harald M. Schwammer

71 Farbfotos
27 Zeichnungen

Ulmer

Heimtiere

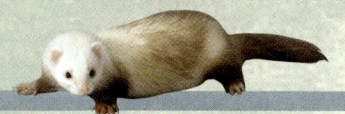

Inhaltsverzeichnis

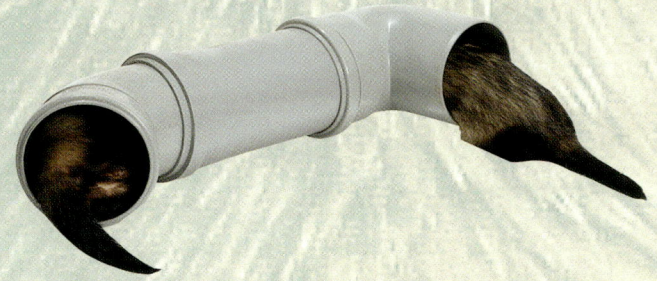

Vorwort

Seit einigen Jahren tauchen seltsam anmutende, quirlige Kobolde im Heimtierhandel auf und häufiger begegnet man Menschen, die diese Kleinraubtiere – es sind Frettchen – sogar an der Leine spazieren führen. Das Frettchen ist ein Haustier, das ursprünglich für die ganz spezielle Aufgabe – Bekämpfung von Wildkaninchen – vom Menschen domestiziert wurde. Über Jahrhunderte hinweg als Jagdgehilfe verwendet, hat sich das Frettchen inzwischen zum beliebten Heimtier entwickelt.

Ein Tier als neues Familienmitglied aufzunehmen ist eine Entscheidung, die gut überlegt sein soll. Man übernimmt die Verpflichtung für eine tiergerechte Haltung, angepasste Fütterung und die regelmäßige Pflege seiner Schützlinge. Der Wunsch vieler Menschen, sich ein Stück Natur in das oft städtische Heim zu holen, führt dazu, dass Haustiere immer beliebter werden. Neben Aquarienfischen stehen Kanarienvögel, Wellensittiche, Goldhamster, Kaninchen, Meerschweinchen, Ratten, Katzen und Hunde auf der Hitliste.

In der heutigen Zeit tragen Haustiere einen wesentlichen Teil zu einer sinnvollen und erholsamen Freizeitgestaltung bei. Die Tierhaltung hat einen festen Stellenwert in unserer Gesellschaft. Leider ziehen vermehrt exotische Wildtierarten in unsere Wohnzimmer ein, bei denen eine tiergerechte Haltung durch mangelndes Wissen oft nicht gewährleistet werden kann. Unsere klassischen Haustiere dagegen, zu denen auch die Frettchen gehören, wurden durch Hunderte von Generationen auf gewünschte Eigenschaften hin selektiv gezüchtet. Während ihrer Zuchtgeschichte haben sie sich an die Lebensbedingungen in menschlicher Obhut angepasst. Sie eignen sich deshalb besser für die Haltung in Haus und Hof als exotische Wildtiere.

Frettchen unterscheiden sich von allen anderen Haustieren durch ihr Aussehen und ihr Verhalten. Gerade das macht sie zu interessanten Pfleglingen. In den Heimen von Kennern und Liebhabern haben sie längst einen festen Platz erobert. Die Rolle des Frettchens hat sich gewandelt: vom nützlichen Kaninchenjäger zum Heimtier mit steigender Beliebtheit. Frettchenfreunde und -interessierte treffen sich in eingetragenen Vereinen und, wen wundert es, inzwischen hat sich das Frettchen auch im Internet eingenistet. In dieser Kommunikationsform sind Frettchenbesitzer moderner als andere Heimtierhalter.

Der Autor ist selbst Frettchenliebhaber und hat jahrelange Erfahrung mit der Haltung und Zucht dieser Tiere. Es ist ihm ein Anliegen, in diesem Buch die kleinen Raubtiere vorzustellen, die gar keine so „neuen" Haustiere sind, wie man zuerst annehmen könnte. Neben einem Rückblick in die Geschichte der Frettchen enthält es Information zu tiergerechter Haltung, Fütterung und Pflege, Zucht und Farbschlägen. Leute, die neugierig auf das Frettchen als Haustier geworden sind, sich eines anschaffen möchten und auch langjährige Frettchenbesitzer finden grundlegendes und tiefergehendes Wissen in diesem Handbuch.

Frettchen, mit etwas Geschick nicht schwer als Haustiere zu halten, sind intelligente kleine Kerle, die ihren Besitzern viel Freude machen.

Wien im Frühjahr 2000   Harald M. Schwammer

Frettchen fressen ihrem Besitzer buchstäblich aus der Hand. Sie können sehr anhänglich und zahm sein und kennen ihren Menschen.

Was ist ein Frettchen?

Abstammung, Aussehen und Verwendung

Als Haustier ist das Frettchen schon seit vielen Jahrhunderten in Südeuropa, vor allem auf der iberischen Halbinsel und in Italien nachweisbar. Als Stammform gilt der westliche Waldiltis (Mustela putorius) von der Gattung Mustela aus der Familie der Marder (Mustelidae). Auch heute gibt es noch freilebende Frettchen auf Sizilien und Sardinien.

Durch Zähmung und jahrhundertelange Züchtung entstand aus dem Iltis eine domestizierte Form, das Frettchen (*Mustela putorius furo*). Es wurde für eine spezielle Aufgabe geschaffen: zur Bekämpfung von Wildkaninchen und Wanderratten. Bei der Jagd mit dem Frettchen, dem „Frettieren", lässt man abgerichtete Tiere in die Baue dieser Tiere einschlüpfen (Fachausdruck: einschliefen) und fängt an den Ausgängen die flüchtigen Kaninchen oder Ratten ab. In manchen Gegenden Deutschlands aber wurden Kaninchen inzwischen soweit auch durch Krankheiten dezimiert, dass das Frettieren kaum noch als Jagdmethode eingesetzt wird.

Strenggenommen werden als Frettchen nur die Tiere bezeichnet, die durch Mutation zu Albinos (Weißlingen) geworden sind. Diese werden ohne jegliche Farbpigmente geboren, haben also ein weißes Fell und durch eine ebenfalls pigmentfreie Netzhaut, rot erscheinende Augen. Bereits eine dunkle Nasenspitze anstelle der rosafarbenen, sowie schwärzliche, statt beinfarbener Zehennägel lassen darauf schließen, dass die betreffenden Tiere nicht mehr ganz reinblütig sind. Außer den reinblütigen Tieren gibt es noch isabellfarbige, semmelblonde und vor allem solche, die die Färbung und Zeichnung des Iltisses mehr oder weniger deutlich aufweisen. Diese iltis- oder wildfarbenen Frettchen sind aus Einkreuzungen des Iltis entstanden und werden Iltisfrettchen genannt. In den letzten Jahren sind durch selektive Züchtung weitere Varianten entstanden, die neue Farbschläge und auch unterschiedliche Haarlängen aufweisen. Allen Iltisfrettchen ist gemeinsam, dass sie nicht nur schwarze Augen besitzen, sondern auch größer und stärker sind als die Albinos.

Frettchen können blitzschnell sein.
Sie setzen immer beide Vorder- und Hinterpfoten paarweise auf. Dadurch
entsteht der Eindruck der „buckelnden" Fortbewegung.

Fachausdrücke

Rüde	→	männliches Tier
Fähe	→	weibliches Tier
Welpe	→	Jungtier
Geheck	→	Wurf von Jungtieren
Ranzzeit	→	Paarungszeit
Losung	→	Exkremente, Kot
Rute	→	Schwanz
Branten	→	Pfoten
Wildtier	→	genetisch definierte, wildlebende Tierart
Haustier	→	durch zahlreiche Generationsfolgen mittels Selektion hervorgebrachte Zuchtform aus einer Wildtierart

Das Frettchen wechselt zweimal im Jahr sein Haarkleid. Im Herbst wird das kurze Sommerhaar gegen längeres und vor allem dichteres Winterhaar getauscht, im Frühjahr umgekehrt. Jedesmal ist der Haarwechsel vollständig, was bedeutet, dass sowohl die Unterwolle als auch das Deck- oder Grannenhaar gewechselt wird. Der Fellwechsel beginnt am Kopf, Nacken und Vorderrücken und verläuft von dort aus allmählich über den ganzen Körper. Zuletzt wird die Rute gehaart. Wie der Iltis bewegt sich das Frettchen hüpfend fort: die Vorder- und Hinterbranten (= Pfoten) werden dabei paarweise nebeneinander aufgesetzt und der Rücken stark gekrümmt. Die verschiedenen Laute, die das Frettchen zum Besten gibt, werden später genauer beschrieben.

Die Zähmbarkeit von Iltissen wird bereits von Aristoteles (384 bis 322 v. Chr.) erwähnt.

Die „wilden Verwandten"

Zur Familie der Marderartigen (Mustelidae) gehören fünf Unterfamilien mit **Wiesel, Marder, Dachs, Skunk** und **Otter,** die in 23 Gattungen mit über 60 Arten eingeteilt werden.

Ordnung Raubtiere (Carnivora)
Unterordnung Landraubtiere (Fissipedia)
Überfamilie Marder- und Bärenartige (Arctoidea)
Familie Marderartige (Mustelidae)
Unterfamilie Wiesel- und Marderartige (Mustelinae)
Gattung Echte Marder (*Martes*)
   8 Arten, darunter Baummarder und
   Steinmarder
Gattung (*Mustela*)
   17 Arten, darunter neben Mauswiesel und
Hermelin, Nerz und Waldiltis (Stammform des
Frettchens) das Frettchen

Marderverwandtschaft: 1) Otter, 2) Nerz, 3) Skunk, 4) Iltisfrettchen, 5) Hermelin (Winterfell, weiß mit schwarzer Schwanzspitze), 6) Mauswiesel.

9

Vom Jagdgenossen zum Heimtier

Frettchen werden bereits sehr früh in der Literatur erwähnt, allerdings züchtete man sie im Altertum nicht nach Aussehen, sondern als nützlichen Jagdgehilfen.

Der erste verlässliche Hinweis auf das Frettchen stammt von Strabon, einem griechischen Geographen, der etwa zwischen 20 vor und 60 nach Chr. gelebt haben soll. Er berichtete von der Kaninchenbekämpfung mit Hilfe von Frettchen auf den balearischen Inseln. Diese Kaninchenplage erwähnt auch Plinius der Ältere (23 bis 79 nach Chr.), wobei er berichtet, dass die Inselbewohner Kaiser Augustus um Hilfe baten und dieser daraufhin einige „Viverrae", wie Plinius die Frettchen nannte, geschickt hat.

■ Das Frettchen war schon vor langer Zeit ein Jagdgehilfe der Menschen.

In Spanien soll das Frettchen schon zur Zeit der Araber zur Kaninchenjagd verwendet worden sein. Man nannte es damals „Furo". Unter dieser Bezeichnung wird das Frettchen von Isidor von Sevilla (561 bis 636 nach Chr.) erstmals geführt. Vermutlich war das Frettchen vornehmlich in den westlichen Mittelmeerländern bekannt. Von dort aus verbreitete es sich dann im Laufe der Zeit zusammen mit dem Vordringen des Wildkaninchens über ganz Europa und England.

Im Jahre 1221 wurde überliefert, dass Dschingis Khan Frettchen zur Jagd verwendete. In Deutschland berichtet Albertus Magnus (1193 bis 1230) über die Verwendung der gezähmten Iltisse. Kaiser Friedrich II soll nach den Aufzeichnungen seines Tierbestandes im Jahre 1245 Frettchen besessen haben. In Frankreich zeigt das Jagdbuch des Grafen Gaston Phebus gegen Ende des 14. Jahrhunderts die Kaninchenjagd mit einem Frettchen, das einen Maulkorb trägt. Die erste Erwähnung in England stammt von 1223. In einem Gedicht von John of Lydgate aus dem Jahre 1421 findet sich der älteste Hinweis auf Albino-Frettchen.

Kraft, ein Raubtiergebiss und Geschwindigkeit lassen sogar Kaninchen zur Beute des Frettchens werden, die viel größer sein können als der Jäger selbst.

Das auffallendste Domestikationsmerkmal beim Frettchen sind die verschiedenen Farbvariationen, in denen es vorkommt. Neben der dunkelbraunen bis schwärzlichen Wildfärbung gibt es braune, gelblichweiße und weiße Fellfärbungen.

In einem holländischen Jagdbuch des 17. Jahrhunderts sind umfangreiche Angaben über die Kaninchenjagd dokumentiert. Bereits damals pflegte man eine Art bewusste Bestandsregulierung der durch Frettieren lebend gefangenen Wildkaninchen, indem stattliche weibliche Kaninchen wieder frei gelassen wurden. Frettchen gelangten 1870 in die USA, schließlich 1882 und 1897 nach Australien und Neuseeland, um auch dort die Kaninchen zu dezimieren. Ausgesetzte Frettchen und Iltisse konnten allerdings, obwohl sie sich ohne weiteres ansiedelten und rasch verbreiteten, der Kaninchenplage nicht Herr werden. Im Gegenteil – die Tiere lernten sehr rasch, dass es einfa-

11

Oben: Graben ist großartig, kein Blumentopf bleibt verschont.
Links: Besonders beliebt ist die Spielstunde: Rangeln, Balgen und Kräftemessen stehen auf dem Programm und machen Mensch und Tier viel Spaß.

cher ist, die Hühner der Farmer zu fangen als Kaninchen zu erjagen und somit wurden sie selbst zur Plage.

Jetzt gegen Ende des 20. Jahrhunderts erlebt das Frettchen als Haustier eine neue Blüte auf einem ganz anderen Gebiet. Es wird zum immer beliebteren Heimtier und erobert in einer Welle Europa und die USA.

Frettchen können als gesunde und robuste Haustiere eingestuft werden. Sie werden sehr schnell zahm und anhänglich. Mit ihrem possierlichen Wesen und unermüdlichen Spieltrieb erobern sie die Herzen der ganzen Familie. Frettchen brauchen nicht nur viel Zuwendung von ihrem Betreuer, sie brauchen auch Spielzeug zur Beschäftigung und Raum zur Bewegung. Wer seinen Tieren im Haus freien Auslauf gewährt, tut gut daran, die Wohnung frettchensicher zu machen. Ihre große Neugier und der unentwegte Tatendrang macht sie zu geborenen Ausbrechern. Jedes noch so kleine Loch scheint sie magisch anzuziehen. Am besten bringen Sie Blumentöpfe, in denen gerne gebaggert wird und andere gefährdete Gegenstände vorsorglich in der Höhe in Sicherheit.

Das Frettieren

Ein kleiner Ausflug in die frühere „Arbeitswelt" des Frettchens soll an dieser Stelle unternommen werden, bevor wir uns mit seiner heutigen Bedeutung genauer beschäftigen. Das Frettchen war einst und bis in die heutige Zeit von so wichtiger Bedeutung als Jagdgehilfe für den Menschen, dass hier für den interessierten Leser auch die Jagdmethode beschrieben werden soll.

Schwimmen gehört zum Repertoire von Frettchen, doch Vorsicht bei Wasserbecken, aus dem die Tiere nicht herausklettern können.

Diese Methode – das Frettieren – ist in all den Jahrhunderten annähernd gleich geblieben. Als Jagdtiere stöbern Frettchen Mäuse und Ratten auf, vor allem aber treiben sie Kaninchen aus den Bauen, indem sie hineinschliefen (= hineinschlüpfen). Versuchen die gejagten Tiere aus dem Bau zu entfliehen, können sie an den Ausgängen von den menschlichen Jägern mit Fangkästen oder Netzen leicht abgefangen werden. Später wurden Schusswaffen benutzt, um die aus den Röhren flitzenden Kaninchen zu erlegen. Zuletzt soll nicht unerwähnt bleiben, dass auch die Beizjagd mit dem Habicht in Verbindung mit dem Frettieren ausgeübt werden kann, indem der Habicht das flüchtende Kaninchen schlägt.

Diese Art der Kaninchenbekämpfung wird heute meist noch dort durchgeführt, wo nicht geschossen werden darf – wie auf Friedhöfen oder auch an Bahndämmen, die durch Kaninchenbaue unterhöhlt werden können. Dabei benutzt man Hunde, um die flüchtenden Kaninchen zu fangen.

Das Frettieren muss auf die Zeit von Mitte September bis Ende Februar beschränkt werden, weil vorher oder später halbwüchsige Kaninchen im Bau angetroffen werden, die vom Frettchen natürlich leicht überwältigt werden können.

Die Maske kenn-
zeichnet den kleinen
Banditen: nichts bleibt
ihm verborgen, alles
wird untersucht – die
Neugier ist ihm ins
Gesicht geschrieben.

14

Dann besteht die Gefahr, dass der Marder sich vollfrisst und im Bau einschläft. Dieses Risiko besteht natürlich immer, deshalb geht man stets mit zwei Tieren zum Frettieren und zudem wird jedes Frettchen mit einem Schellenhalsband versehen, durch das die Kaninchen rechtzeitig aufgescheucht werden. Um zu verhindern, dass Frettchen erwachsene Kaninchen noch im Bau selbst fangen und töten, wurden verschiedene Vorkehrungen getroffen. Eine alte Methode ist, dem Frettchen einen Maulkorb anzulegen, eine andere, ihm die Schnauze zuzubinden. Aufgrund von Schädelfunden konnte nachgewiesen werden, dass auch die Zähne der Tiere abgefeilt oder gezogen wurden. Beides ist natürlich abzulehnen, weil es unumstritten Tierquälerei ist. Die einfachste Lösung ist wohl das oben erwähnte Schellenband und der Maulkorb.

Dass das Frettchen trotzdem im Bau bleibt und auf Rufen oder Pfeifen nicht herauskommt, kann immer wieder vorkommen. Dann werden die Ausgänge des Kaninchenbaues verschlossen und die Transportkiste offen am Eingang aufgestellt. Nach einigen Stunden findet sich das Frettchen meist wieder ein und geht von selbst in die ihm vertraute Transportbox.

◼ Hier wird doch nicht der Eingang eines Kaninchenbaues sein?

15

Betrachtungen vor dem Kauf

Wie bei allen lebendigen Hausgenossen gibt es einiges, was man sich auch vor der Anschaffung eines Frettchens genau überlegen sollte. Wir übernehmen die Verantwortung über ein uns anvertrautes Lebewesen, das man nicht ohne weiteres wie einen Pullover bei Nichtgefallen wieder umtauschen kann.

Frettchen werden acht bis zehn Jahre alt, wenn sie gut gehalten und gepflegt werden. Sie stellen somit über viele Jahre Ansprüche an den Halter. Erfüllt er diese, danken ihm die Tiere das mit strotzender Gesundheit. Man muss bereit sein, nicht nur täglich sein Tier zweimal zu füttern, sondern ihm auch genügend Auslauf zu ermöglichen und entsprechende Aufmerksamkeit zu schenken. Dazu braucht es unbedingt möglichst abwechslungsreiche Beschäftigung.

Aufgrund seiner grenzenlosen Spiellust und der Eigenschaft, neugierig alles untersuchen zu wollen, sind zum Beispiel Vasen und andere zerbrechliche Dinge, die umfallen können, sehr gefährdet. Die Erde erreichbarer Blumentöpfe findet sich mit Sicherheit in kürzester Zeit auf dem geliebten Perserteppich wieder. Deshalb sollten in dem Raum, in dem sich das Frettchen frei bewegen darf, verschiedene Dinge beachtet werden.

Es ist nicht sehr schwierig, Frettchen als Haustiere zu halten. Sie werden sehr zahm und können ähnlich wie ein Hund oder eine Katze

> **TIPP**
>
> Lassen Sie Ihr Frettchen zu Anfang nicht unbeaufsichtigt.
>
> Stellen Sie gefährdete Dinge so, dass das Frettchen sie nicht erreichen kann.
>
> Bauen Sie Kletter- und Spielmöglichkeiten.

Vor dem Erwerb eines Frettchens heißt es:

- unterschiedliche Literatur besorgen und lesen
- Kontakte mit Züchtern und Haltern von Frettchen aufnehmen
- möglichst vielfältige Informationen sammeln
- in der Schweiz brauchen Sie eine Haltungsbewilligung, die beim kantonalen Veterinäramt einzuholen ist. Eine entsprechende Verordnung dort regelt die Haltung und schreibt die Minimalgröße des Käfigs vor.

16

gehalten werden. Dieses Ziel ist aber nur zu erreichen, wenn man die Arbeiten und Verpflichtungen nicht vergisst, die damit verbunden sind. Dabei gilt es, täglich den Käfig zu reinigen und die Kotkiste zu säubern. Seien Sie sich dabei bewusst, dass die Exkremente von Fleischfressern wie dem Frettchen, viel intensiver und anders riechen, als die von Meerschweinchen, Kaninchen oder Hamstern.

In dieser Phase, wenn Sie sich über Frettchen und ihre Haltung als Haustier informieren, werden Sie sich schnell darüber klar, dass Sie sich für eine Tierart interessieren, von der die meisten Menschen eigentlich überhaupt nichts wissen. Wenn Laien zum ersten Mal ein Frettchen sehen, glauben manche, es handle sich um einen Siebenschläfer, andere vermuten, es könne eine Bisamratte sein. Als frischgebackenen Frettchenbesitzer höre ich Sie jetzt schon stolz sagen: „Nein, das ist ein Frettchen, ein richtiges Raubtier, mein neues Haustier."

Mit den langen Eckzähnen kann das Frettchen seine Beute gut festhalten.

Ein kleiner Räuber als neues Familienmitglied?

Die Pflege eines Frettchens ist mit der von Hund oder Katze zu vergleichen. Es ist wie diese ein Raubtier, eine Tierart also, die zu den Fleischfressern gehört. Das ist zuallererst am Gebiss zu erkennen, das dem des Iltis identisch mit 34 Zähnen bestückt ist. Dabei fallen die langen Reiß- oder Fangzähne besonders auf.

Der Tierfreund muss wissen, dass ein kleines Raubtier in die Familie einzieht, das täglich fleischliche Nahrung benötigt. Frettchen wären zwar durch die lange Zeit der Domestikation nicht mehr in der Lage, sich vollständig selbstständig in der Natur durchzuschlagen, aber die Eigenschaften des Raubtieres sind ihnen geblieben. Hamster, Meerschweinchen und Kaninchen, genauso wie der Wellensittich sind seine potentielle Beute, wenn sie im selben Haushalt, also seinem Revier leben. Das bedeutet, dass man ein Zusammentreffen des Frettchens mit diesen unbedingt vermeiden muss, damit es nicht zu Katastrophen kommt und das Frettchen das andere Haustier tötet und auffrisst.

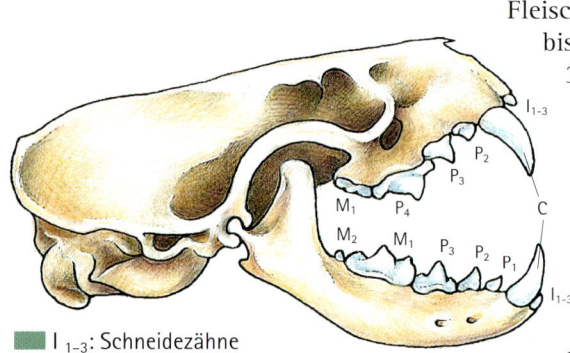

I $_{1-3}$: Schneidezähne
C: Fangzähne
P$_{1-4}$: Vordere Backenzähne
M$_{1-2}$: Backenzähne.

18

Der Körperbau

Das Frettchen hat einen langgestreckten, walzenförmigen **Körper**. Der Kopf geht ohne Übergang in den kräftigen Hals über. Die Rute ist behaart und knapp halb so lang wie der Körper. Als Sohlengänger mit kurzen Beinen besitzt sein Körper eine enorme Beweglichkeit. Der Körper ist so geschmeidig, dass man beim Anfassen des Frettchens glauben könnte, ein Tier ohne Knochen zu halten. Kräftige, nicht rückziehbare Krallen ermöglichen es dem Tier sogar zu graben. Der **Kopf** ist relativ kurz, rundlich und nach vorne spitz zulaufend. Die Knopfaugen und Nase, die Nasenspitze ist zumeist fleischfarben, sind relativ klein. Die

Frettchen sind gesellige Tiere. Rüden allerdings kämpfen um Weibchen und vertragen sich untereinander nicht so gut.

Frettchen bewegen sich mit kleinen Sprüngen vorwärts.

19

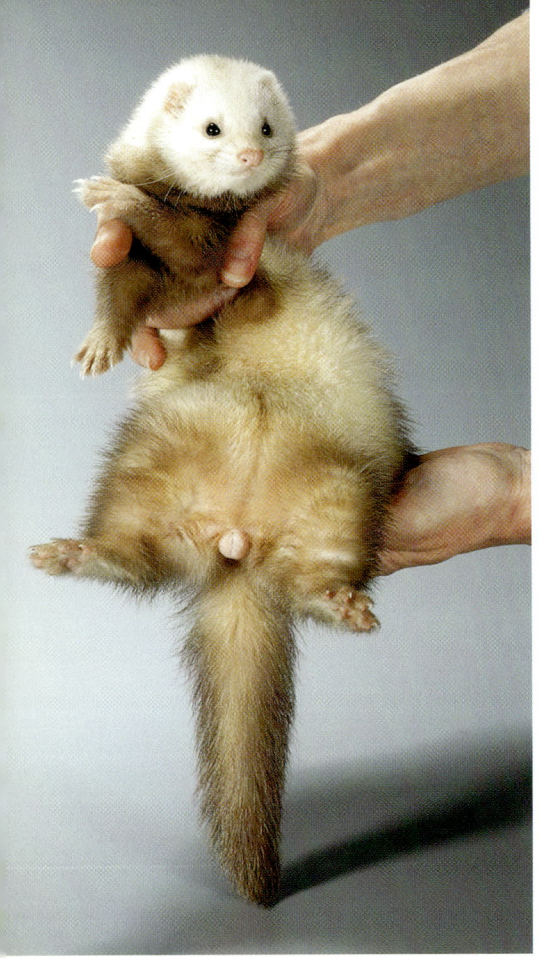

Ohren sind rundlich bis leicht dreieckig, mit den für Marder typischen Ohrtaschen, in Form und Größe optimal gestaltet für das Durchkriechen von dichtem Gestrüpp.

Aufgrund der **Sinnesorgane** – seiner guten Nase und Sehfähigkeit – ist das Frettchen ein perfekter Jäger, der vor allem in der Dämmerung aktiv ist. Das bedeutet, dass es am späten Nachmittag und am Abend am wachsten und am lebhaftesten ist.

Der Gang des Frettchens ist entweder langsam und schleppend oder quirlig springend. Meist schleicht es, die Nase dabei suchend auf der Erde. Fühlt sich das Frettchen sicher, macht es oft die drolligsten Sprünge und gibt eigenartige, glucksend-keckernde Töne von sich. Dabei ist es immer sehr neugierig und achtet auf alles, was in seiner Umgebung geschieht.

Rüde oder Fähe?

Wenn Sie sich entschieden haben, ein Frettchen als neues Familienmitglied aufzunehmen, ist meist eine der ersten Fragen, ob es ein weibliches oder ein männliches Tier sein soll.

Kennzeichen der Ranz bei der Fähe ist die angeschwollene Vulva.

Im Gegensatz zu den Iltissen sind Frettchen, vor allem die Fähen, gesellige Tiere. Einzeln gehalten werden sie zwar dem Menschen gegenüber schneller zahm, die sozialen Bedürfnisse der Tiere untereinander kann er ihnen jedoch nicht ersetzen. Wenn es also nur irgendwie möglich ist, sollten Sie zwei Frettchen halten. Zwei Tiere stellen nicht viel mehr Ansprüche als eines. Zwei Rüden vertragen sich allerdings nicht, wenn man sie gemeinsam hält. Zwei Fähen im selben Gehege haben beim Autor regelmäßig ihre Jungen gemeinsam aufgezogen, der Rüde war während

Bei der Haltung eines Pärchens sind Würfe unausbleiblich. Es ist vorher abzuklären, ob man bereit ist, die Jungtiere aufzuziehen und gut unterzubringen.

dieser Zeit abgetrennt. Die optimale Lösung ist es, ein Paar zu halten. Dann allerdings muss man sich überlegen, ob man wirklich züchten will.

Sollten Sie sich doch für ein einzelnes Tier entscheiden, gibt es einige wichtige Dinge zu beachten:

Der Rüde hat stärker ausgebildete Duftdrüsen als die Fähe. Er verbreitet deshalb auch einen stärkeren Geruch. In der Ranzzeit riecht er besonders streng und markiert sein Revier. Bei der Pflege in der Wohnung ist das ein Faktor, der nicht unterschätzt werden darf.

Der charakteristische Geruch der Frettchen ist leicht süßlich, wildartig. Die eigenen Familienmitglieder gewöhnen sich meist rasch daran, wenn das Tier im Haus ist. Besucher allerdings werden die Frettchen-Duftnote sofort feststellen können. Das spricht dafür, eine Fähe zu halten, die wesentlich weniger stark riecht und zudem kleiner und handlicher ist.

Frettchen sind ausgesprochen soziale Tiere. Sie lieben es, miteinander um Spielzeug zu raufen.

Anforderungen an die Käfiggröße, die allgemeine Pflege und die Fütterung sind für Rüden und Fähen annähernd gleich. Wie bei allen Mardern sind die Männchen stets stärker und größer als die Weibchen. Frettchen-Fähen erreichen eine Körperlänge von etwa 25 bis 40 cm bei einem Gewicht bis 850 Gramm, Rüden werden bis 60 cm groß und bis zu 2000 Gramm schwer. Neben dem Größenunterschied zwischen den Rüden und den Fähen ist die Unterscheidung der Geschlechter bei Jungtieren und erwachsenen Tieren auch außerhalb der Fortpflanzungsperiode nicht schwierig: Beim Rüden liegt die Geschlechtsöffnung etwa in Nabelhöhe am Bauch, bei der Fähe liegt die Vulva dicht vor dem Anus. In der Ranzzeit ist beim Weibchen die Vulva angeschwollen, beim Männchen die Hoden im Hodensack.

■ Mit Rückendeckung fühlt sich das Frettchen sicher.

Frettchen bleiben, soweit bei der Zucht nicht wieder Iltisse einge-kreuzt wurden, in der Größe und im Gewicht hinter dem Iltis zurück. Eine Besonderheit ist, dass sie wie die Iltisse einer photoperiodischen Körpergewichtsschwankung unterliegen. Ausgelöst durch die kürzeren Tage wird im Herbst ein Fettpolster angelegt, das bis zu 40 % des Kör-pergewichtes des Tieres ausmachen kann. Über den Winter hin bis zum Frühjahr des nächsten Jahres wird diese Fettreserve wieder verbraucht. Der frischgebackene Frettchenbesitzer darf sich also nicht wundern, wenn sein Frettchen im Herbst sehr dick wird. Es ist deshalb nicht krank, leidet nicht an Überfütterung oder Ess-Störungen und muss auch deswegen nicht zum Tierarzt.

> **TIPP**
> Räuber und ihre Beutetiere sollten vorsichtshalber räumlich getrennt gehalten werden. Damit ver-meidet man auch Stress für die Tiere.

Frettchen und andere Haustiere

Wenn ein Frettchen ins Haus kommt, existieren oft bereits andere Heimtiere im Haushalt. Das Frettchen wird nie seinen natürlichen Jagdtrieb ablegen und deswegen sollten Nagetiere wie Mäuse, Hamster, Meerschweinchen, aber auch Kaninchen vom Frettchen ferngehalten werden. Sie würden von dem kleinen Jäger angegriffen oder sogar getötet, denn Sie alle könnten auf seinem Speiseplan stehen.

Bleiben das Frettchen und die anderen kleineren Haustiere aber räumlich voneinander getrennt, ist ein Leben im gemeinsamen Haus-halt möglich. Doch muss beachtet werden, dass der Käfig des „Beute-tieres" auch tatsächlich so sicher ist, dass das Frettchen keinesfalls eindringen und das andere Tier nicht ausbrechen kann. Frettchen können den geringsten Spalt nutzen, um an die Beute zu kommen oder diese sogar durch das Gitter zerren. Neben anderen Säugetieren stehen auch Vögel auf der Liste jagbaren Wildes für das Frettchen, egal ob Kanarienvogel oder ausgewachsenes Haushuhn. Selbst in sicherer Entfernung bedeutet die Anwesenheit unseres Räubers für Stubenvögel oft starken Stress, so dass sie dabei Schaden nehmen können. Am besten ist es, Vögel in getrennten Räumen zu halten.

Andere Haustiere wie Hunde und Katzen lassen sich meist ohne größere Schwierigkeiten an ein Frettchen gewöhnen. Man macht sie durch ein schützendes Gitter hindurch miteinander bekannt, wobei man ruhig auf sie entspricht und sie natürlich nicht unbeaufsichtigt lässt. Mit etwas Geduld ist es bald soweit, die Tiere tatsächlich in direktem Kontakt zusammen zu lassen. Wenn das alles Schritt für Schritt mit der nötigen Ruhe und Aufsicht geschieht, sind keine Probleme zu erwarten. Später können die Tiere immer länger zusammen bleiben. Dieses gelingt natürlich umso leichter, wenn es sich um junge Tiere handelt.

> **TIPP**
> Junge Tiere lassen sich am besten aneinander gewöhnen.

Verschwiegen werden sollte nicht, dass es gelegentlich Hunde gibt, die als ausgesprochene Einzelgänger, besonders in fortgeschrittenem Alter, unverträglich bleiben. Auch Hunde, die von manchen Hundebesitzern sinnloserweise auf Katzen scharf gemacht wurden, werden ein Frettchen als potentielles Beutetier ansehen. Die blitzschnellen Bewegungen des Frettchens lösen sofort beim Hund einen Jäger-Beute-Reflex aus und er schnappt zu.

Das Frettchen und der Hund der Familie können gute Freunde werden, wenn sie vorsichtig aneinander gewöhnt werden. Bei fremden Hunden dagegen müssen Sie aufpassen.

23

Tiere, die nicht einzuschätzen sind, sollten sich zuerst schrittweise aus verschiedenen Distanzen beschnuppern können. Während der ersten Begegnung müssen die Tiere durch ein sicheres Gitter getrennt werden, um eine Katastrophe zu verhindern. Dabei kann das Frettchen zuerst in der Transportkiste bleiben. Aus der Reaktion des Hundes oder der Katze kann der Tierliebhaber sofort ablesen, ob die Gewöhnung einfach oder schwierig werden wird. Je nachdem müssen Sie mit mehr oder weniger Geduld und Mühe an die Aufgabe herangehen.

Im Dominanzkampf fasst ein Frettchen das andere im Genick, das ist ein tolerierbarer Ablauf. Wenn allerdings der Unterlegene stark geschüttelt wird, dann ist zuviel Aggression im Spiel.

Bei einem gut erzogenen Hund ist es ein Leichtes, ihn vor dem Käfig des Frettchens abzulegen. Beruhigen Sie ihn und verbieten Sie ihm gleichzeitig, auf das Frettchen loszufahren. Schritt für Schritt werden den beiden Tieren dann mehr Freiheiten gelassen. Das bedeutet, dass der Hund am nächsten Tag frei um den Käfig herumgehen und schnuppern darf. Bei Anzeichen von Aggression ist er sofort wieder davor abzulegen und erneut zu beruhigen. Diese Methode funktioniert bei allen Hunden. Es hängt aber von seiner Eigenart ab, wie lange es dauert, bis er und das Frettchen sich durch das Gitter freudig begrüßen. Dann erst kommt der große Augenblick, in dem man das Frettchen in die Hand nimmt und den Hund zum direkten Kontakt herkommen lässt. Auch das muss mit der nötigen Vorsicht geschehen.

Man darf nie vergessen, dass Hund, Katze und Frettchen, obwohl sie alle Raubtiere sind, völlig verschiedene Sprachen sprechen. Durch leichtes Zubeißen macht das Frettchen eine Spielaufforderung, der Hund könnte es erschreckt als Aggression auslegen. Ist der Hund gut erzogen und folgsam, sind keine wirklichen Probleme zu erwarten. Wenn Sie es geschafft haben, Ihren Hund zu einem integrierten, verlässlichen Hausgenossen zu machen, dann werden Sie auch mit dem Frettchen und seiner Eingewöhnung keine Schwierigkeiten haben.

 Frettchen balgen gerne ausdauernd miteinander.

Wenn Sie zwei Frettchen zusammengewöhnen wollen, ist zu beachten, dass es unweigerlich zu einer Rangfestlegung kommen wird. Diese kann einerseits als freundliches Geplänkel aber auch als heftiger Kampf ausgetragen werden. Manchmal ist die „Frettchen-Diskussion" um eine Rangposition schnell beendet. Es kann aber auch vorkommen, dass es monatelang keinen echten Frieden zwischen den beiden Kontrahenten gibt. Besonders Tiere, die bereits längere Zeit einzeln gehalten wurden, haben dabei Eingewöhnungsprobleme. In

24

solch einem Fall ist viel Geduld angesagt. Sie sollten die Tiere an einem für beide neutralen Ort zusammenführen. So hat kein Tier einen Heimvorteil, keiner sieht den anderen als Reviereindringling an. Beide Frettchen sind zuerst damit beschäftigt, das Areal zu erkunden und sich kennenzulernen. Dadurch sind sie etwas verunsichert und die Gefahr, dass es zu einem Kampf kommt, ist geringer. Sollten Sie auch das nicht riskieren wollen, stellen Sie einfach die zwei Käfige einander gegenüber. Einzeln kann man die Tiere laufen lassen, so dass der Neuankömmling das Umfeld erkunden kann kann. Die Tiere können sich geruchlich kennen lernen, wenn man die Schlafboxtücher austauscht. Stehen sich die beiden am Gitter gegenüber, erkennen Sie sofort, ob die Kommunikation agressiv beginnt.

Badet man beide Tiere und setzt sie unmittelbar danach zusammen, gibt es noch keine starke Individualgeruchsmarkierung und damit wenig Anreiz für einen Konkurrenzkampf. Selbstverständlich darf man die Tiere so lange nicht unbeaufsichtigt lassen, bis man sicher ist, dass die Rangordnung klargestellt ist und keine weiteren Kämpfe zu erwarten sind. Kommt es tatsächlich zu Verletzungen durch Beißen, kreischt das unterlegene Tier meist unüberhörbar auf. Rufen Sie „Nein", erfassen den Attackierenden am besten am Genick, schütteln ihn leicht und setzen ihn mit einem weiteren strengem „Nein" in den Käfig zurück. Diese Gewöhnungsversuche wiederholen Sie mit Geduld und beobachten die Reaktionen der Tiere dabei. Wenn sich die Frettchen an Ohren und Hals beschnuppern oder lecken, dann haben Sie das Spiel gewonnen und die Tiere vertragen sich.

Spielerisches Balgen kann zuweilen auch grob aussehen, doch sollte man die Tiere aus Ängstlichkeit nicht zur rasch trennen, wenn sie bereits mehrere Male gemeinsam frei laufen durften. Zwei Männchen sind schwer aneinander zu gewöhnen, vor allem wenn ein weibliches Frettchen in der Nähe. Ihren Duft in der Nase, kämpfen die Rüden unbarmherzig um die Fähe.

Es gibt nichts, was das Frettchen nicht untersuchen oder als Versteck benutzen würde.

25

Das Aufziehen von Frettchen ist ein besonderes Erlebnis.

Frettchen und Kinder

Frettchen sollten unbedingt von Babys ferngehalten werden. Aggressivität ist von den Tieren nicht zu erwarten, doch könnte das Kleinkind durch übermütiges Spielverhalten des Frettchens verletzt werden. Umgekehrt besteht bei Kindern die Gefahr, dass sie das Frettchen tollpatschig oder grob anfassen und dieses dann vielleicht dem Kind abwehrend in den Finger zwickt. Dies wiederum lässt daraufhin möglicherweise dass Frettchen erschreckt fallen. Auch solche Situationen können vermieden werden.

Das Frettchen ist anspruchsvoller in Betreuung und Haltung als andere Haustiere, die typische Kindertiere sind wie Kaninchen und Meerschweinchen. Frettchen sollten nicht als Spieltiere für kleine Kinder gehalten werden. Es ist schon etwas Verantwortung gefordert: Das bedeutet, dass erst Kinder ab zehn Jahren genügend Verständnis haben. Dann eignen sich Frettchen gut dazu, spielerisch das Verantwortungsbewusstsein der Kinder zu schulen. Auf diese Weise sind schon große Freundschaften geschlossen worden.

Der Ruf als Stinktier

Das ausgewachsene Frettchen besitzt einen spezifischen Wildgeruch, den viele Menschen als unangenehm empfinden. Baden reduziert zwar diesen Duft, doch er entsteht immer wieder neu. Der Rüde duftet besonders stark, vor allem während der Ranzzeit.

Der Wildgeruch der Marder entsteht im Sekret der Analbeutel am Darmausgang. Dieses Organ mit seiner olfaktorischen Funktion braucht das Frettchen zur Reviermarkierung, aber auch zur Kommunikation mit seinesgleichen. Beim Fortpflanzungsgeschäft spielt das stark riechende Sekret bei allen Marderartigen eine wichtige Rolle. Es wird vom Frettchen von Zeit zu Zeit, besonders aber in der Ranzzeit, durch Rutschen mit dem Hinterteil über den Boden abgesetzt und hierbei auch im eigenen Haar verteilt.

> **TIPP** Geruchsbelästigung und Infektionsrisiko können durch peinliche Sauberkeit im Frettchenheim verringert werden.

Weil die Rüden einen viel stärkeren Wildgeruch aufweisen als die Fähen, ist im direkten Wohnungsbereich nur die Pflege eines Weibchens zu empfehlen. Empfindliche Nasen riechen natürlich auch den feineren Geruch des Weibchens, allerdings nur wenn man direkt mit ihm Kontakt hat oder es auf dem Arm herumträgt.

Um Geruchsbelästigung durch das Frettchen im Wohnbereich zu verhindern, sollten Käfig mit Schlafkiste und Kotecke oder Kotkistchen

27

■ Vorsicht, spieleri-
sches In-die-Nase-
beißen kann schmerz-
haft sein. Größere Kinder
kommen mit Frettchen
gut klar.

TIPP

Chirurgische Entfernung der Analdrüsen ist Tierquälerei und bei uns
auch verboten!

peinlich saubergehalten werden. Auch Hund und Katze haben ihren spezifischen Fellgeruch, beim weiblichen Frettchen ist dieser nicht stärker, aber anders. Die Entscheidung für ein Frettchen als Haustier muss jeder für sich selbst treffen. Deshalb sollte man lieber Goldfische pflegen, wenn man den typischen Wildgeruch als unerträglich empfindet.

In ganz seltenen Fällen werden die Geruchsdrüsen als **Schreckreaktion** völlig entleert. Das kann passieren, wenn mit lautem Knall eine Tür heftig zuschlägt oder ein schwerer Gegenstand umfällt. Danach ist unangenehmer, intensiver Gestank festzustellen. Diese kurzfristige und lokal begrenzte Geruchsbelästigung kann behoben werden, indem man das verteilte Sekret mit Waschwasser und Seife entfernt. Die beste Vorbeugung gegen den berüchtigten Stinkangriff ist, dass man sich mit dem Frettchen intensiv

beschäftigt. Dadurch verliert es rasch seine Schreckhaftigkeit, wird mit den Menschen und Situationen seiner Umgebung vertraut und wird sich nicht so leicht erschrecken. Beim wilden Verwandten, dem Skunk, ist eine Stinkdrüsenentleerung ein gravierendes und unvergessliches Ereignis. Danach sind allerdings Teppiche und Kleidung nicht mehr zu retten und müssen verbrannt werden.

Schönheit im Pelzmantel – dort wo der Pelz hingehört.

In den USA ist es zur Unsitte geworden, die Duftdrüsen der Frettchen vom Veterinär entfernen zu lassen. Beim Rüden genügt das allerdings nicht, um den Geruch zu stoppen. Dazu muss er zusätzlich kastriert werden. Die Kastration wird im Alter von einem halben Jahr durchgeführt. In Österreich und Deutschland ist die Entfernung der Analdrüsen ohne medizinische Notwendigkeit durch das Tierschutzgesetz untersagt. Das ist tatsächlich auch sinnvoll, denn man würde dem Tier ein wichtiges Instrument der Kommunikation wegnehmen. Zudem sollte man grundsätzlich davon Abstand nehmen, Lebewesen mittels Skalpell abändern zu wollen. Diese fragwürdigen Eingriffe können ruhig dem Menschen mit seiner Schönheitschirurgie vorbehalten bleiben.

Das Frettchen zieht ein

Rechte Seite:
Eine Hängematte ist besonders beliebt bei den maskierten Kobolden: Darin kann man sich verstecken und schlafen, aber auch herauslugen und die Umgebung überblicken.

Der Entschluss ist gefasst, ein neues Familienmitglied ist eingeplant. Alle Familienmitglieder sollten sich intensiv über die Haltung des neuen Haustieres informiert haben und auch gemeinsam hinter der Entscheidung stehen.

Ob von einem privaten Züchter oder aber ganz besonders, wenn Sie Ihr Tier in einem professionell geführten Zoofachgeschäft erwerben wollen: das Allerwichtigste ist, dass man sich die Haltungsbedingungen dort genau anschaut. Besuchen Sie die angebotenen Tiere wenn möglich mehrmals, bevor Sie den Kauf tätigen. Kaufen Sie nicht das erste Tier, das Sie sehen. Nehmen Sie sich Zeit und vergleichen Sie. Sie werden staunen, wie unterschiedlich die Charaktere der Tiere sind. Verschiedene Färbungen und Maskenausbildungen bei den wildfarbenen Tieren sind ebenfalls reine Geschmackssache. Bei der Auswahl eines jungen Frettchens geschieht es oft genauso wie bei einem Wurf Hunde oder Katzen: einer der Zwerge fällt durch sein individuelles Verhalten besonders auf und schon ist es geschehen ...

Fragen Sie bei verschiedenen Züchtern nach Alter, Farbe und Geschlecht der Jungtiere, die er abzugeben hat. Fragen Sie, ob die Tiere bereits Impfungen erhalten haben. Zusatzimpfungen können den Kaufpreis erhöhen. Die Summe, die Sie für ein Frettchen bezahlen müssen, liegt zwischen DM 150.– und DM 200.–.

TIPP

Gesunde Frettchen sind munter und lebhaft und versuchen sofort, schnuppernd Kontakt aufzunehmen. Das Tierchen muss einen sauberen, gepflegten Eindruck machen, weiches Fell und klare Augen haben. Die Ohren und Krallen müssen sauber sein und die Aftergegend frei von Kot.

Jungtiere von einem Züchter, der außer Frettchen auch andere Haustiere hat, kennen zum Beispiel bereits das Verhalten von Hund und Katze und sind diesbezüglich nicht mehr schreckhaft. Wenn Sie also selbst noch Tiere haben, an die sich Ihr Frettchen gewöhnen soll oder Kinder, dann kann die richtige Wahl des Jungtieres diesem und Ihnen viel Stress in der Eingewöhnungszeit ersparen.

Verantwortungsbewusste Züchter, die genau wissen wollen, wohin ihre Jungtiere gehen, gestatten Ihnen und Ihrer Familie gerne einen Besuch bei sich zu Hause. Sie werden ihre Zuchttiere und den Nachwuchs herzeigen und Ihnen viel über Frettchen erzählen können.

Nach Möglichkeit sollten Sie einen Welpen im Alter zwischen acht und zwölf Wochen erwerben. In diesem Alter nimmt man normaler-

Eine Handvoll Frettchen! Jungtiere zwischen acht und zehn Wochen sind besonders lernfähig.

weise die Jungtiere der Mutter ab. Die Welpen in diesem Alter werden sehr schnell zutraulich, denn sie sind jetzt besonders lernfähig. Sie sind in diesem Alter in einer Prägephase, ähnlich wie Hunde. Alles was sie jetzt kennen lernen, auch das Futter, wird ihnen ein Leben lang vertraut sein. Dadurch gewöhnen sie sich rasch an die neue Pflege- und Bezugsperson ebenso wie an die neue Umgebung.

Oft werden in Zoohandlungen zu früh abgenommene Jungtiere angeboten, einzeln in einem viel zu kleinen Schaukäfig gehalten. Diesen Tieren fehlt der Sozialkontakt in einer der wichtigsten Lebensphasen und es besteht die Gefahr, dass solche Tiere niemals so zahm werden wie Jungfrettchen, die ausreichend lang im Familienverband heranwachsen konnten.

Grundausstattung

- Transportkiste
- Wohnkäfig mit: Schlafkiste, zwei Kotkisten und Einstreu, Kletter- und Spielgerät
- Futternapf und Nippeltränke
- Baumwolltücher, Bürste
- Leine und Brustgeschirr

Wenn Sie „Ihr" Frettchen gefunden haben, sind eine Reihe von Vorbereitungen zu treffen, bevor der neue Hausgenosse tatsächlich einzieht. Einen kurzen Überblick über die wichtigsten Dinge der Grundausstattung gibt die Liste links. In den nächsten Kapiteln wird im Einzelnen beschrieben, wie der neue Lebensraum für Ihr Frettchen gestaltet werden sollte, damit es ein abwechslungsreiches Leben führen kann.

Unterbringung und Ausrüstung

Es ist keinesfalls zu empfehlen, das Frettchen wie eine Katze frei in der Wohnung zu halten. Nichts wäre vor seinem Forschungs- und Spieldrang sicher. Ein Gehege, bestehend aus einem großen Käfig mit

32

Schlafkiste ist die Grundlage für eine möglichst tiergerechte Haltung. Das Frettchen kann trotzdem täglich für bestimmte Zeit frei laufen gelassen werden – wenn es dabei beaufsichtigt wird.

Wohnkäfig

Früher war es üblich, Frettchen in Kaninchenställen zu halten. Wenn sie gesund bleiben und sich wohl fühlen sollen, ist dies, auch wenn der Stall geräumig ist, nicht das richtige Quartier. Das Frettchen hat weder genügend Bewegungsfreiheit noch hinreichend Luft und Licht.

Es ist schwierig, wirklich brauchbare Käfige im Handel zu finden. Der Fachhandel verkauft man aus Mangel an spezifischen Modellen unzureichende, meist zu kleine Gitterkäfige. Auch die früher in der

Standort des Geheges

Bei der Wahl des am besten geeigneten Standortes sind einige Überlegungen anzustellen:
Aufgrund des Geruchs, besonders bei der Haltung von Rüden oder der Zucht mit zwei oder mehreren Tieren, ist die **Außenhaltung** der Haltung in Innenräumen vorzuziehen.
Dabei muss der Käfig **wetterfest** sein, ein Dach haben und in möglichst wind- und zuggeschützter Lage aufgestellt werden. Sowohl dunkle, schattige und feuchte Standorte als auch solche mit praller Sonneneinstrahlung sind nicht geeignet.

Eine Luxusvilla für Frettchen – selbstgebaut. Klettermöglichkeiten und Verstecke sind besonders wichtig bei der Möblierung.

33

Nerzzucht verwendeten Gitterkästen, deren Boden nur aus Maschendraht besteht, sind völlig ungeeignet. Es ist unvorstellbar, dass man Säugetiere für die Pelzzucht jahrzehntelang mit ihren empfindlichen Pfoten auf Drahtgitter laufen ließ! Dies gilt heute als ausgesprochene Tierquälerei.

In den letzten Jahren entstanden vermehrt Richtlinien zur Haltung von Tieren mit der Zielsetzung, ein größeres Raumangebot, aber auch mehr „Raumqualität" zu fordern. Darunter versteht man, durch Einrichtung des Geheges mit Strukturen, wie Steinen, Baumwurzelstöcken, Ästen und einer Grasnarbe einen richtigen Biotopausschnitt darzustellen, der dem Tier eine natürlichere Lebensweise ermöglicht. Aufgrund des dann vorhandenen Naturbodens muss allerdings mit etwas mehr Sorgfalt gereinigt werden und das Frettchen regelmäßig auf Parasitenbefall untersucht werden.

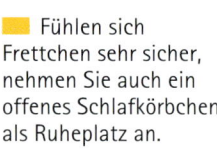

Standort für das Frettchengehege

Ist ausreichend Platz vorhanden, eventuell sogar ein Garten, so kann man dem Frettchen ein richtiges, mehrere Quadratmeter großes, begehbares Außengehege bauen, mit einem Zugang zu einem geschützten Bereich. Eine derartige, großzügige Freianlage stellt das Optimum dar, ist einfach zu bauen (grabdicht) und kann bei geschickter Gestaltung durchaus optisch sehr ansprechend und Zierde Ihres Gartens sein.

■ Fühlen sich Frettchen sehr sicher, nehmen Sie auch ein offenes Schlafkörbchen als Ruheplatz an.

Abgehärtete Frettchen überstehen ohne gesundheitlichen Schaden selbst den Winter im Freien, vorausgesetzt, dass der Schlafkasten ihnen Schutz vor der Kälte bieten kann. Bei sehr starken Frösten wird man dennoch sicherheitshalber den Käfig mit wärmedämmendem Material abdecken oder den Käfig in einen geschützten Raum umstellen.

Größe und Bauart

Am besten lässt man einen Käfig aus Holz und Gitter anfertigen – oder baut ihn selbst, der eine Grundfläche von 1,5 bis 2 m² und eine Höhe von mindestens 60 cm haben sollte. Die vorgeschlagenen Käfiggrößen sind als Mindestmaß zu verstehen. Für den ausbruchsicheren Käfig eignet sich punktgeschweißtes Gitter besonders gut, da es robust ist und sich am Holz gut befestigen lässt. Die Maschenweite kann 15 – 20 mm betragen, die Drahtstärke 2 – 3 mm. Der Boden muss wasserfest angelegt werden, entweder gefliest oder mit synthetischem Bodenbelag, an den Rändern hochgezogen, damit eine gründliche Reinigung des Geheges möglich ist. In geschützten Räumlichkeiten können Vollgitterkäfige verwendet werden. Zur Haltung von mehreren Frettchen oder für die Zucht, kann man das Gehege so konstruieren, dass eine zweite Etage aufgesetzt werden kann. Der Zwischenboden muss dabei absolut wasserdicht sein, so dass es zu keiner Verschmutzung vom oberen Käfig in den unteren kommt und auch beim Reinigen kein Wasser nach unten durchsickern kann.

Ein Schlafhäuschen, bei dem der Deckel zur Reinigung geöffnet werden kann, gehört zur Grundausstattung des Geheges.

Innenausstattung

Unabhängig vom Typ des Käfigs sind innerhalb des Geheges die Schlafkiste, das Kotkistchen, Futternapf und Trinkbehälter sowie Spiel- und Klettermöglichkeiten notwendige Dinge der Grundausstattung. Die **Schlafkiste** simuliert den Bau des Frettchens, in den es sich bei Gefahr zurückzieht, in dem es schläft, seine Jungen aufzieht und eventuell seinen Futtervorrat anlegt.

Eine feste Holzkiste mit den Maßen 40 x 30 x 30 cm, einem Schlupfloch von 7 – 10 cm, einem abnehmbaren Dachteil zur Reinigung und entsprechende Wärmedämmung bei Gebrauch im Freien, erfüllt alle Anforderungen. Baumwolltücher, besonders im Winter, werden von den Frettchen sehr gerne als wärmendes Nestmaterial verwendet. Aber auch gegen Stroh spricht nichts, wenn es nicht zu viel Staubanteile enthält. Wichtig ist es, das Material wöchentlich auszutauschen und die Schlafhöhle täglich auf versteckte Nahrungsreste zu überprüfen, die gerne von den Frettchen eingelagert werden.

35

Kotkiste

Frettchen sind Gewohnheitstiere und sehr reinlich. Sie koten immer an denselben Stellen, die sie an einer Wand oder Ecke wählen. Diese Eigenheit kommt dem Besitzer bei der Reinigung des Frettchengeheges sehr entgegen. Katzentoiletten eignen sich ausgezeichnet als Frettchenklosett. Als Einstreu kann handelsübliche Katzenstreu verwendet werden. Sowohl Maiskolbenschnitzel, gehäckseltes Zeitungspapier, als auch künstliches, geruchsbindendes Material wird problemlos angenommen.

Es gelingt schnell, auch junge Tiere an die gewünschte Kiste zu gewöhnen:

Das erste Mal setzt das Frettchen seinen Kot vermutlich in irgendeiner Ecke ab. Am besten stellt man dann die Kotkiste mit Einstreu in diese Ecke, nimmt den Kotballen und legt ihn in die hintere Ecke des Kistchens. Unmittelbar nach der nächsten Fütterung setzt man das Frettchen in die Kotkiste, in der das erste Kotbällchen liegt. Sofort wird das Frettchen die Kiste untersuchen, mit Erstaunen den Kot beschnüffeln, eventuell kurz herumsuchen und dann sein neues Häufchen dazusetzen. Spätestens am nächsten Tag ist das zur Routine geworden, das Frettchen ist stubenrein und wird in der Folge sein Klo aufsuchen.

Wenn Sie Ihren Kobold täglich frei in der Wohnung laufen lassen, ist das Aufstellen einer weiteren Kotkiste außerhalb des Wohnkäfigs empfehlenswert, denn das Herumtollen veranlasst das Frettchen meistens bald, Kot abzusetzen. Passiert einmal unerwartet etwas ganz Aufregendes, dann kann es ausnahmsweise vorkommen, dass unser kleiner Freund in der Schnelligkeit durch die Wohnung doch nicht ins Kistchen zurückfindet und ein in der Nähe liegendes Eckchen aufsucht. Dieses muss allerdings sofort gereinigt und geruchlich neutralisiert werden, damit es nicht zur neuen Gewohnheitsecke wird.

Selbstverständlich muss die Kotkiste täglich vom Kot und Urin gereinigt werden. Klumpen bildende Katzenstreu erleichtert diese Arbeit, denn nur die verbrauchte Streu wird entfernt. Es gibt sogar spezielle Schaufeln dafür. So kann der Käfig ganz einfach und hygienisch sauber gehalten werden. Empfehlenswert ist es, die Kotkiste wöchentlich zu desinfizieren, um ansteckende Krankheiten zu vermeiden.

Bei der Reinigung der Frettchentoilette haben Sie täglich Gelegenheit, einen Blick auf die Hinterlassenschaften Ihres Tieres zu werfen. Diese können Ihnen Hinweise auf die Gesundheit des Kerlchens geben.

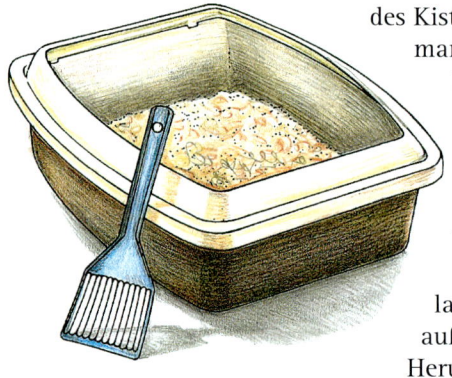

Einfache Kotkiste mit Einstreu. Mit der Gitterschaufel kann verbrauchte Streu entfernt werden.

Futternäpfe und Trinkgefäße

Als Futter- und Trinknäpfe eignen sich schwere, standfeste, glasierte Tongefäße. Leichte Schüsseln werden oft umgeworfen und die Nahrung verschwendet. Diese Gegenstände müssen penibel sauber gehalten und täglich gereinigt werden. Wasser kann in Tonschalen angeboten werden, doch eignen sich die handelsüblichen Nippeltränken für Nagetiere auch hervorragend für Frettchen. In diesen Behältern bleibt das Trinkwasser stets sauber und kann leicht aufgefüllt werden. Außerdem kann die Wassermenge kontrolliert werden, die von den Tieren täglich getrunken wird. Spezielle Trinkflaschen mit Metallabdeckung sind von den Frettchen durch Knabbern und Nagen nicht so leicht zu zerstören.

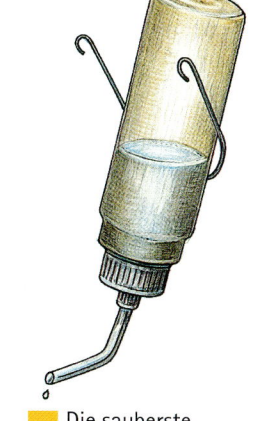

■ Die sauberste Methode der Wasserversorgung für das Frettchen: eine Nippeltrinkflasche

■ Die Trinkschale sollte schwer und stabil sein, leichte würden in kürzester Zeit von den spielenden Tieren umgeworfen.

Geschirr und Leine

Es ist nicht ratsam, Frettchen überall frei laufen zu lassen, auch wenn sie gewohnt sind, auf Pfiff oder Zuruf herbeizulaufen. Ein Set bestehend aus Brustgeschirr und Leine ermöglicht stressfreie Spaziergänge, sogar in Flur und Wald.

Handelsübliche Geschirre für Katzen müssen meist an den schlanken Marderkörper angepasst werden. Dabei ist darauf zu achten, dass das Geschirr nicht zu eng anliegt. Bei Geschirren aus Lederriemen, die aus einem Halsband und einem Brustband bestehen, die miteinander ver-

37

Oben links: Wenn man das Frettchen schrittweise an Leine und Geschirr gewöhnt hat, kann man erlebnisreiche und zugleich gefahrlose Spaziergänge mit ihm unternehmen.

Oben rechts: Eine handelsübliche Transportkiste für Kleintiere eignet sich auch für Frettchen:
ob zum Tierarzt oder in den Urlaub – ein sicherer Platz während des Transportes.

bunden sind, genügt es, einige Löcher einzustanzen, so dass die Riemchen enger genschnallt werden können.

Nach kurzer Eingewöhnung ist es möglich, Frettchen an der Leine auszuführen: Als ersten Schritt legt man während einer Spielphase das Brustgeschirr einige Minuten an und spielt dabei mit dem Frettchen. Dieses wird dadurch vom Geschirr abgelenkt und versucht nicht, es abzustreifen. Dieses Training wiederholt man einige aufeinanderfolgende Tage lang bis das Frettchen das Geschirr kaum noch beachtet. Im nächsten Schritt wird die Leine wieder angelegt und das Gehen mit Locken und Rufen geübt. Sie werden überrascht sein, wie schnell die Versuche von Erfolg gekrönt sind. Das Frettchen lernt schnell, an der Leine mitzulaufen und bald bereiten die Spaziergänge Mensch und Tier abwechslungsreichen Spaß.

Transportkiste

Für Ausflüge mit dem Auto, aber auch den Besuch beim Tierarzt ist eine Transportkiste erforderlich. Handelsübliche Katzentransportboxen aus Kunststoff mit einer Gittertüre eignen sich perfekt, da Kunststoff

38

leicht gereinigt werden kann und die Box sehr hell und luftig ist. Zur Eingewöhnung kann man die Kiste im Gehege des Frettchens offen stehen lassen, so dass das neugierige Tier sie zuerst untersuchen kann. Gibt man Nestmaterial wie Baumwolltücher hinein, fühlt sich das Frettchen rasch wohl. Auch das Transportieren selbst und Autofahren sollte anfangs geübt werden. Man gibt das Tier in die Box und trägt es einmal ums Haus, dann bekommt das Frettchen eine Belohnung. Diese kleinen „Reisephasen" werden schrittweise verlängert, kurze Touren mit dem Auto können eingebaut werden. Für das Tier besteht dann später keine Gefahr, dass es Negativerlebnisse und Stress mit dem Transport in der Box verbindet.

Klettermaterial und Spielzeug

Der Tagesablauf von Frettchen ist in Aktivitäts- und Schlafphasen aufgeteilt. Stundenlang lässt sich der Kobold nicht blicken, weil er eingerollt in seiner Kiste tief schläft. Kennt das Tier seinen Namen, stürzt es natürlich nach Rufen oder Locklauten Hals über Kopf aus dem Versteck, um einen Leckerbissen zu ergattern oder um übermütig zu spielen. Die Aktivitätsphasen sind von unermüdlichem Bewegungsspiel erfüllt, wobei das Tier lautstark keckert.

Immer wieder umzubauen: Kisten, Röhren und viele andere Gegenstände machen das Gehege zur Spiel- und Erlebnisburg für Frettchen.

Hat mich jemand gerufen?

Die **zeitgemäße Tierhaltung** versucht, Haustieren eine Umwelt anzubieten, in der sie ein Maximum an natürlichen Verhaltensweisen ausführen können. Der Fachbegriff **„enrichment"** bedeutet „Bereicherung" in Form von Beschäftigung, Abwechslung, und Spiel. Einfach gesagt: Man verhindert, dass dem Tier langweilig wird.

Das Ziel des „enrichment" ist es, unerwünschtes Verhalten bei den Tieren, wie zum Beispiel Stereotypien – immer wieder ablaufende, eingefahrene Bewegungen – nicht entstehen zu lassen. Neben dem täglichen, beaufsichtigten Freilauf in der Wohnung und Spaziergängen draußen kann der Käfig des Frettchens mit Kletterelementen, Hängematten und Röhren bestückt werden. Damit unser vorwitziger kleiner Marder immer wieder andere Möglichkeiten entdecken kann, sollte die Einrichtung öfter erneuert, umgeändert und umgebaut werden. Seit jüngster Zeit gibt es diese Dinge speziell für Frettchen im Fachhandel zu kaufen. Aber mit etwas Phantasie lassen sich allerlei Kletter- und Beschäftigungs-„Möbel" aus verschiedenem Ausgangsmaterial selbst bauen, ohne dass man die teuren Teile im Zoofachhandel kaufen muss. Stoffreste aus dem Haushalt, Pappröhren, Holzstücke aus dem Wald, Äste vom Obstbaumschnitt, Kartons und vieles mehr kann dazu benutzt werden. Besonders beliebt sind Röhren aus Stoff oder auch aus Plastik zum Durchkriechen. Ein frei aufgehängter Sack wird gerne als „Schlafsack" angenommen. Kugeln, kleine Bälle und Schellen benutzen

Frettchen gerne als Spielzeug und schubsen es mit Begeisterung durch die ganze Wohnung. Vielerlei Kartons, Trommeln und Behälter, die gut vom vorherigen Inhalt gereinigt worden sind und in die man Ein- und Ausschlupflöcher geschnitten hat, werden von den neugierigen Rackern gerne für Bewegungsspiele angenommen. Auch all diese Einrichtungsgegenstände müssen selbstverständlich regelmäßig gereinigt werden.

Eingewöhnung ins neue Heim

Der Tag ist gekommen, Sie holen Ihr Frettchen vom Züchter ab. Es ist ideal, wenn Sie dies unmittelbar vor einem Wochenende oder Ihrem Urlaub tun können. Dadurch haben Sie ausreichend Zeit, sich Ihrem neuen Haustier zu widmen. Diese Eingewöhnungsphase ist für beide Seiten wichtig: Sie und Ihr Frettchen lernen sich kennen und Sie bauen Ihr Verhältnis für die Zukunft auf. Doch davor sollten Sie Käfiggehege und Zubehör bereits zu Hause vorbereitet haben. So ist der Standort des Käfigs festgelegt, die Kotkiste bereits mit Einstreu versehen und für das neue Haustier bereitgestellt.

Frettchen mögen es, wenn man sie kräftig mit dem Haarstrich streichelt.

Die erste Fahrt in der Transportbox darf kein schlimmes Erlebnis für das Tier werden. Achten Sie darauf, dass die klimatischen Bedingungen im Fahrzeug nicht zu extrem sind. Stellen Sie den Transportkäfig nicht in die Sonne, das Tier kann an Überhitzung sterben. Andererseits ist Zugluft durch ein offenes Fahrzeugfenster ebenfalls strikt zu vermeiden. Auf der ganzen Fahrt vom Züchter in das neue Heim bleibt das Frettchen in seiner Transportbox. Tücher, am besten auch einige gebrauchte Stücke mit dem Individualgeruch aus dem Züchterkäfig, wirken als Nestmaterial im Transportkäfig beruhigend auf das Tier. Das Frettchen lernt rasch Ihre Stimme kennen, wenn Sie bereits auf dem Transport beruhigend sprechen und sogar den Namen sagen.

TIPP Geben Sie Ihrem Frettchenkind in dieser Phase die Chance, sein neues Zuhause ohne Stress auszukundschaften.

Zu Hause angekommen, setzen Sie das Frettchen in den Käfig, den Sie vorbereitet und mit viel Nestmaterial versehen haben. Dann lassen Sie dem Neuling seine Ruhe. Durch die Trennung von Spielgefährten, Mutter und der gewohnten Umgebung, den Aufregungen der Reise und dem neuen Zuhause hat das Frettchen nun genügend zu verarbeiten. Es will die neue Umgebung gerne untersuchen und kennen lernen. Dabei kann es ruhig einige Stunden alleine gelassen werden. In dieser Zeit wird es jeden Zentimeter im Käfig inspizieren, jedes Tuch umdrehen.

■ Links: So hebt man ein Frettchen hoch: Mit einer Hand unterstützt man das Tier und hält es gleichzeitig am Rücken fest.

■ Rechts: So trägt man ein Frettchen: Auf einer Hand lässt man das Tier sitzen und unterstützt es dabei mit der anderen Hand hinter den Vorderbeinen.

■ Unten: Die Neugier der Frettchen ist so groß, dass sie einfach alles untersuchen müssen. Halten Sie deshalb besser den Mülleimer unter Verschluss!

Es muss sich auch an die fremden Umweltgeräusche seiner neuen Umgebung gewöhnen. Halten Sie die anderen Haustiere, aber auch die neugierigen Nachbarn vorerst fern. Nach Ablauf der Eingewöhnungsphase ist das neue Haustier viel ruhiger und kann dann immer noch Freunden und Nachbarn vorgestellt werden.

Futter und Wasser sollten dem Frettchen bald nach der Ankunft angeboten werden, es wird trotz Trennung von Mutter und Geschwistern bald fressen. Am nächsten Tag beginnen Sie damit, das Tierchen auf sich zu prägen. Nehmen Sie und die anderen Familienmitglieder es in den ersten Tagen immer wieder heraus, sprechen mit ihm, streicheln es, sagen seinen Namen und tragen es eine Weile herum. Alle Familienmitglieder lernen auf diese Weise das Frettchen kennen und umgekehrt. Diese Gewöhnungsphasen sollen kurz sein, beiden Seiten Spaß machen und das Tier zu nichts zwingen.

Nach einigen Tagen darf sich das Frettchen das erste Mal in dem Raum, in dem der Käfig steht, frei bewegen. Natürlich unter Aufsicht und bei geschlossenen Fenstern und Türen. Durch die Gewöhnung an seinen Käfig in den ersten Tagen hat das junge Frettchen bereits ein „Heimgefühl" entwickelt. Sie werden beobachten können, dass es bei Angst oder Unsicherheit zurück in den Käfig flüchtet, notfalls sogar bis in die Schlafbox, um sich zu verstecken. Diese Rückzüge währen aber nur ganz kurz. Die Schnauzenspitze und die Knopfaugen tauchen bald wieder auf. Die Neugier ist einfach zu groß und der Kobold geht wieder auf Erkundung aus. Dabei wird er immer größere Kreise ziehen und immer mutiger werden.

Reinigung und Desinfektion

Peinliche Sauberkeit ist die Grundlage jeder verantwortungsvollen Tierhaltung. Der Frettchenkäfig mit all seinem Inventar, aber auch das Zubehör muss regelmäßig gereinigt und desinfiziert werden. Damit wird Krankheiten, Parasiten und auch übermäßiger Geruchsbelästigung vorgebeugt.

Die Kotkiste muss jeden Tag kontrolliert und gesäubert werden. Die Einstreu sollte dabei teilweise ersetzt und einmal wöchentlich komplett ausgewechselt werden. Bei dieser Gelegenheit wird die Kiste ganz ausgewaschen und desinfiziert. Auch der Schlafkiste ist täglich Augenmerk zu geben. Durch zeitlich falsches Füttern, wenn man beispielsweise anstelle von zwei Mahlzeiten nur eine Großfütterung anbietet, legt das Tier gerne Futterdepots an einer heimlichen Stelle – meist der Schlafhöhle – an. Diese Nahrungsreste müssen unbedingt regelmäßig entfernt werden, weil sie sonst zur Brutstätte von allerlei Ungeziefer und Keimen werden können. Das angebotene Nestmaterial muss regelmäßig entfernt und durch neues ersetzt werden. Trink- und Futterbehälter müssen ebenfalls täglich gereinigt werden, denn sie können sonst auch zur Quelle von Erregern werden, die Verdauungskrankheiten hervorrufen. Es braucht nicht extra erläutert werden, dass in der warmen Jahreszeit das Futter schneller verdirbt und sich durch unangenehmen Geruch im Raum bemerkbar macht.

Die Grundreinigung führen Sie mit heißem Wasser und fettlösendem Geschirrspülmittel durch. Für die Desinfektion benutzt man handelsübliche Mittel, die auch im medizinischen Bereich für die Händedesinfektion verwendet werden, also nicht zu scharf sind. Es muss darauf geachtet werden, dass nach einigen Minuten Einwirkzeit alle chemischen Mittel wieder rückstandsfrei weggespült werden. Vom Einsatz an Duftstoffen und Parfümen ist dringend abzuraten. Frettchen haben

TIPP
Es sollte **keine Feuchtigkeit** im Käfig des Tieres entstehen. Deshalb muss man nach allen Reinigungsarbeiten darauf achten, dass danach alles sorgfältig wieder trocken gewischt wird oder vollständig abtrocknen kann, bevor das Frettchen wieder in das Gehege gesetzt wird.

Wo Frettchen leben, muss gründlich gereinigt werden – ein Spaß für den Kobold, wenn er mitmachen darf.

43

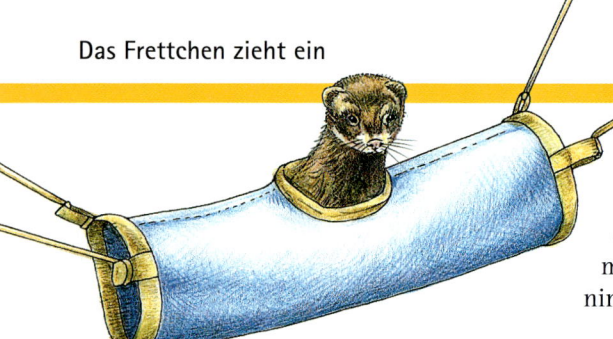

eine feine Nase und wollen fremde Gerüche in ihrem Käfig mit eigenem Körperduft überdecken. Dementsprechend werden sie mehr markieren, wenn der fremde Geruch überhand nimmt.

Eine hängende Stoffröhre mit Ausschlupfloch ist beliebter Spielplatz und Schlafhöhle in einem.

Ein wenig Erziehung muss sein

Die natürliche Neugier der kleinen Räuber, eine Vertrauensbasis zwischen Frettchen und Mensch, kombiniert mit einem gewissen Maß an Erziehung macht das Zusammenleben recht problemlos.

Nach Gewöhnung des Tieres an das neue Zuhause und seine Mitbewohner lernt es mit etwas Übung rasch, auf seinen Namen oder ein Zeichen, wie einen speziellen Pfiff, sofort herbeizulaufen. Zu diesem Zeitpunkt ist das Frettchen bereits an die Hand seiner Pfleger gewöhnt, klettert an dieser hoch oder lässt sich gerne hochheben. Frettchen sind Gewohnheitstiere und gehen nach entsprechendem Training Routinen nach. So ist zum Beispiel ein Leichtes, sie zu trainieren, sich auf der Schulter oder in der Manteltasche ihrer Menschen spazieren tragen zu lassen.

Beißversuche, die bei jungen Tieren meist spielerisch gemeint sind, werden mit einem klaren „Nein" abgestellt. Dazu kann man das Tier auch am Nackenfell hochheben, gleich danach wieder absetzen und es mit freundlicher Stimme beruhigen. Mit dieser Methode ist es möglich, das Frettchen auf einer einfachen Stufe zu erziehen und zu trainieren. Unangenehmes Verhalten wie „In-die-Zehen-beißen" kann man mit dem erwähnten „Nein" abgewöhnen, kombiniert mit Schnippen der Finger. Führt das nicht zum Erfolg, so verleiden stärkere Mittel wie Katzen-Abhaltespray, auf die Socken gesprüht, dem Frettchen die Lust auf Zehenbeißen rasch.

Rechnen Sie von vornherein damit, dass das Frettchen eine Menge Dinge tun wird, die Sie nicht tolerieren wollen. Auch hier hilft ein strenges „Nein", aber am besten arbeiten Sie auf Belohnungsbasis. An neuralgischen Orten wie einem Vorhang, der wehend zum Klettern einlädt, locken Sie das Frettchen nach einem „Nein" zu sich und belohnen es mit einer Leckerei wie Katzenvitaminpaste. So trainiert, kann man sein Frettchen gegebenenfalls durch Zuruf vor gefährlichen Situationen bewahren. Mit etwas Geduld und Phantasie ist es auch möglich, ihm kleine Kunststücke beizubringen oder das Frettchen daran zu gewöhnen, auf Zuruf herzukommen.

TIPP
Sie dürfen das Frettchen **niemals** anschreien. Damit erschrecken Sie es und in diesem Zustand ist es kaum lernfähig. Mit ruhiger Stimme und einer Leckerei zur richtigen Zeit erreichen Sie viel mehr.

44

■ Oben links: Das Frettchen hüpft laut keckernd herum: Es ist ausgelassen und will spielen.

■ Oben rechts: Das Frettchen macht sich groß, steht scharf beobachtend still, bereit einige Schritte zurückzuweichen: Unsicherheit über eine Situation, kann in ängstliches Weglaufen und Verstecken umschlagen.

■ Rechts: Das Frettchen hat alle Haare aufgestellt: Langsames Zurückweichen bedeutet Erschrecken und Angst.

Geben Sie acht, das Keckern ist die Sprache, in der das Frettchen zu Ihnen spricht. Beobachten Sie Ihren Kobold und „hören" Sie ihm zu, damit Sie nicht derjenige sind, der „dressiert wird".

Das Verhalten kennen lernen

Mit etwas Beobachtungsgabe und Einfühlungsvermögen kann man sein Hausraubtier relativ rasch einschätzen und verstehen lernen. Auch Stimmungen, Absichten und Bedürfnisse lassen sich mit der Zeit gut erkennen. Hebt man das Tier vom Boden auf, bewegt das Frettchen oft den Kopf hektisch hin und her. Dabei identifiziert es denjenigen, der es aufhebt, mit dem Geruchssinn. Der persönliche Hausmensch wird sowohl mit den Augen als auch mit der Nase identifiziert. Frettchen sind soziale Tiere und anders als ihr wilder Verwandter, der Iltis, leben sie gerne gesellig. Frettchen entwickeln untereinander hierarchische Strukturen, wobei aufgrund der Körpergröße die Rüden dominant sind.
Die Körpersprache ist es, die uns das Frettchen durchschauen lässt. Leben andere Tiere in der Wohnung, so wird das Frettchen alles unter-

45

Spielzeit ist immer: Sport für das Frettchen, Spaß für den Menschen.

TIPP
Frettchen haben eine deutliche **Körpersprache,** die Sie als Besitzer beobachten und kennen lernen sollten.

nehmen, diese mit Keckern, Hüpfen, Scheinangriffen, Herumpurzeln und aufmunterndem Beißen zum Spielen zu animieren. Auch den Menschen wird es so zum Spielen aufzufordern. Eine Art Fangen-Spiel gehört oft zum beliebten Verhaltensrepertoire. Rückwärtslaufen kann ein Teil des Spielens sein, aber auch Unsicherheit ausdrücken. Dann bleibt das Frettchen stehen, schaut scharf in die Richtung der vermeintlichen Gefahr, jederzeit bereit, schnell wegzulaufen. Bleibt die Unsicherheit bestehen, wird es einige Schritte zurückweichen und den Gegner dabei aber nicht aus den Augen lassen.

Durch Buckel machen auf allen Vieren, mit gleichzeitigem Haare aufstellen versucht das Tier, größer zu erscheinen als es ist. Es will Eindruck machen und mit einigen Schritten nach vorn und gleich aber wieder zurück, testet es seinen eigenen und den Mut des Gegners.

Das Frettchen verfügt über eine Reihe von Stimmlauten, mit denen es die jeweilige Gemütsverfassung zum Ausdruck bringt. Das Lautrepertoire ist einfach zu verstehen: Erregte Frettchen pflegen mehr oder wenig heftig zu **keckern,** wobei diese Laute bei großer Erregung oder Angst in schrilles Gekreische übergehen können. Wird das

Keckern laut und hart ausgestoßen, so ist Aggression mit im Spiel. Mit sanftem Sprechen kann man das Tier meist rasch beruhigen. Ein Grußlaut zwischen den Tieren, bei sehr zahmen und zutraulichen Tieren auch an den menschlichen Freund gerichtet, ist das **Muckern,** das wie ein abgesetztes go go go go klingt. Es ist der Ausdruck von Komfortverhalten, das Tier fühlt sich wohl. Eine weitere Lautäußerung ist das typische **Nestgezwitscher** von wenige Tagen alten Jungen. Anfangs dürften diese Töne Hunger signalisieren, ähnlich wie bei Vögeln im Nest. Nach dem Säugen verstummt das Gezwitscher, weil die gesättigten Jungtiere zufrieden eingeschlafen sind.

Neun zukünftige Räuber: noch zwitschern sie und sehen aus wie hilflose Vögelchen.

47

Ernährung
und Gesundheit

Frettchen lassen sich nicht mit in Milch eingeweichten Weißbrötchen ernähren, auch wenn sich dieser falsche Glaube immer noch hartnäckig hält. Neben abwechslungsreich gestalteten Haltungsbedingungen ist eine qualitativ optimale Ernährung die wichtigste Voraussetzung für die gute Gesundheit unseres Frettchens.

Frettchen sind Jäger

Abstammung und Verwandtschaft der Tiere haben wir bereits kennengelernt. Damit ist klar, als Jäger sind Frettchen Fleischfresser, die ihre Beute mit Haut und Haaren oder Federn und allen Innereien verzehren. Sie sind auf einen sehr hohen Proteinanteil in der Nahrung angewiesen. Eine artspezifische Eigenheit von Fleischfressern ist der eher kurze Verdauungstrakt. Das bedeutet, dass die Nahrung entsprechend wenig Aufschließung durch Verdauungsenzyme und Bakterien während der Passage durch den Darm erfährt. Deshalb muss das Frettchen auch mehrmals am Tag hochwertiges und leicht verdauliches Futter angeboten bekommen.

Speiseplan und Rezepte

So wie eine Katze zwar Hundefutter frisst oder ein Hund Katzenfutter, ist dies dennoch auf längere Sicht für das Tier nicht gesund. Katzenfutter eignet sich bedingt für Frettchen, denn Katzen sind auch Jäger kleiner

---

Ein amerikanischer Werbeslogan lautet:

Sie würden Ihre Katze nicht mit Vogelfutter füttern,

Sie würden Ihren Kanarienvogel nicht mit Goldfischfutter füttern,

Sie würden Ihre Fische nicht mit Hundefutter füttern,

wieso wollen Sie Ihr Frettchen mit Katzenfutter füttern?

Tote Eintagsküken sind in Form und Zusammensetzung ein ideales Futter für Frettchen.

Beutetiere, trotzdem sollten Frettchen ihr artspezifisches Futter haben. Eine optimale Ernährung bedeutet, dass das Futter für das Frettchen in der Zusammensetzung der natürlichen Beute möglichst ähnlich sein sollte.

Die Basisernährung sollte annähernd zu 80 % aus Fleisch und zu 20 % aus pflanzlichen Bestandteilen bestehen. Dieser pflanzliche Anteil wird durch Beimischung von Gemüse- oder Vollkornflocken erreicht. Wichtig ist, dass das Futter abwechslungsreich ist. Gehacktes Rindfleisch und Innereien vom Wild, grätenfreies Filet von Meeresfischen, kurz angebraten oder auch Eier sind Leckerbissen für unsere kleinen Raubtiere. Als fast ideale Nahrung sind tote Eintagsküken anzusehen. Eintagsküken können von Geflügelbrütereien und inzwischen auch von manchen großen Tierfutterhandlungen bezogen werden und lassen sich eingefroren gut als Vorrat lagern. Diese Küken sind sehr eiweißreich, das Federkleid liefert notwendige Ballaststoffe, die Knöchlein das Kalzium. Pro Frettchen sollten zwei bis vier Küken am Tag angeboten werden. Frisches Fleisch kann roh verfüttert werden.

Als Nahrungsmittel sind auch Eier (Eidotter) für die Marder ein heiß geliebter Leckerbissen. In der Natur stehlen Marder Eier aus Vogelnestern. Schweinefleisch sollte tabu sein, denn aufgrund seines sehr hohen Fettanteiles gilt es als schwerverdaulich und ist des-

Futter

Das Frettchen braucht sehr **protein- und fettreiche Nahrung.** Einseitiges, vor allem aber fleischarmes Futter führt nach kurzer Zeit zu **Mangelerscheinungen,** die sich durch Stoffwechselstörungen, stumpfes Fell und Konditonsprobleme äußern.

Frettchen würden praktisch alles fressen: Spezielles Trockenfutter für Frettchen ist gut, Schokolade und Pralinen nicht!

halb als Tierfutter ungeeignet. Bei tiergerechter Fütterung mit hohem Fleischanteil muss ein Kalzium-Präparat beigemengt werden, das die Knochen des Beutetieres ersetzt. Jungtieren sollte neben dem Kalzium zusätzlich ein Vitaminpräparat gegeben werden.

Im Zoofachhandel gibt es ein umfangreiches Angebot an Allein-futtermittel für Tiere in Form von Dosen- und Trockenfutter. Dieses ist für Hunde, Katzen und andere Heimtiere nach modernen, ernährungswissenschaftlichen Kenntnissen zusammengestellt. In beinahe jeder Literatur wird Katzenfutter für Frettchen als geeignet erklärt. Dabei ist festzuhalten, dass es dem Bedarf eines Frettchens aber nur nahe kommt. Dosenfutter eignet sich nur bedingt, denn diese Nahrung erreicht nur Bruchteile des erforderlichen 80%igen Fleischanteils. Nachteilig ist auch der hohe Feuchtigkeitsgehalt, der bei Frettchen rasch zu Durchfall führen kann, und schließlich kann der hohe Gehalt an Zuckerstoffen irgendwann Zahnprobleme nach sich ziehen. Zahnprobleme bei Frettchen entstehen außerdem durch stetigen Verzehr von Futter mit weicher Konsistenz, wie es auch das Dosenfutter ist. Raubtiere brauchen feste Nahrung, an der sie kauen müssen, damit ihr Gebiss gesund bleibt. Will man aus organisatori-schen Gründen Dosenfutter anbieten, so darf es nicht andauernd ge-schehen. Reicht man Trockenfutter, so ist die Fleisch-Pflanzenan-teil-Relation noch ungünstiger. Zudem ist darauf zu achten, dass das Frettchen genügend Flüssigkeit zu sich nimmt. Das ist aber nicht immer so einfach, weil fleischfressende Tiere von Natur aus viel weniger trinken als Pflanzenfresser, deren Nahrung wesentlich weniger Feuchtigkeit als Fleisch enthält und sie deshalb instinktiv viel Wasser trinken.

Frettchen sind als Jäger Fleischfresser, doch gibt es immer wieder „Feinschmecker", die zwischendurch „Leckerbissen" wie Bananenstückchen oder Melonen schätzen. Fleisch darf damit aber keineswegs ersetzt werden!

Der natürlichen Nahrung des Frettchens kommt man mit Fleisch immer noch am nächsten: Rind-, Wild-, Pferde- und Hühnerfleisch, Herz, Leber, Niere und ein wenig Fisch, abwechselnd angeboten und angereichert mit pflanzlichen Flocken.

■ Frisches Wasser muss immer zur Verfügung stehen. Dieses Frettchen weiß, wo das Wasser herkommt!

Auch wenn amerikanische Frettchenliteratur vorschlägt, Tiere ausschließlich mit Fastfood, sprich Dosen- oder Trockenfutter zu ernähren, sind wir dagegen nicht der Meinung, dass dies unseren Frettchen langfristig so gut tut. Aufgrund der steigenden Beliebtheit des Frettchens als Haustier wird endlich auch ein speziell für Frettchen zusammengestelltes Fertigfutter angeboten.

In den USA und inzwischen auch bei uns gibt es für Hunde vegetarisches Futter, das einige Frettchenliebhaber auch an ihre Frettchen verfüttern. Diese Art von Nahrung ist für beide Tierarten völlig ungeeignet. Aus biologischer Sicht ist das Füttern von Hunden, Katzen und Frettchen mit ausschließlich vegetarischer Nahrung als sinnlose Tierquälerei zu bezeichnen. Sie führt unweigerlich zu Mangelerscheinungen und schließlich zu Krankheiten.

Schokolade, Süßigkeiten, Milch, Speiseeis und salzhaltige Nahrung sind für Frettchen ungeeignet, ja sogar schädlich. Deswegen dürfen diese Dinge auch nicht gefüttert werden, selbst wenn sich Ihr Frettchen gierig daraufstürzen würde.

Ein **erwachsenes** Frettchen braucht etwa zwischen 150 g und 200 g Futter pro Tag. Wie oft und in welchen Portionen Sie das Futter reichen, müssen Sie durch Beobachtung selbst herausfinden. Setzt sich die Nahrung aus den erforderlichen Anteilen von Fleisch und Ballaststoffen zusammen, so sollte den Tieren mindestens zweimal am Tag jeweils soviel gefüttert werden, wie auf einmal aufgefressen wird. Bleibt Futter übrig, kann es vorkommen, dass das Frettchen dies in seiner Schlafbox bunkert. Dies ist besonders im Sommer sehr unhygienisch. Junge

TIPP

Generell ist Einseitigkeit beim Füttern, gleich ob Fertig- oder Frischfutter, auf lange Zeit für den Stoffwechsel und das Gebiss des Frettchens nicht gesundheitsförderlich. Investieren Sie die Zeit, ein **variationsreiches Fleischmenü** zusammenzustellen, ein gesundes Frettchen wird es Ihnen danken.

Welpen brauchen vier bis fünf kleine Portionen pro Tag. Trächtige sowie säugende Fähen sollten ebenfalls mehr und öfter Futter bekommen als sonst. Aber auch hier sollten die Mengen so bemessen sein, dass nichts übrig bleibt.

Frisches **Trinkwasser** muss dem Frettchen nach Belieben zur Verfügung stehen. Besonders bei warmem Wetter ist erhöhter Bedarf vorhanden. Ob im glasierten Tongefäß oder der Nippeltränke, das Wasser sollte immer frisch sein und die Gefäße stets sauber gehalten werden.

So bleibt das Frettchen gesund

Bei tiergerechter Haltung sind Frettchen von Natur aus widerstandsfähige und robuste Tiere, die etwa acht bis zehn Jahre alt und bei entsprechender Ernährung sehr selten krank werden. Vorbeugen ist besser als Heilen. Deshalb macht sich die sorgsame Pflege der Tiere hier bezahlt. Besondere Aufmerksamkeit sollte den trächtigen und säugenden Fähen und heranwachsenden Jungtieren zukommen.

Zur Gesundheitsvorbeugung gehört die tägliche Kotkontrolle, die sie nebenbei durchführen können, wenn sie die Toilettenkiste reinigen. Der Kot des Frettchens, in der Fachsprache Losung genannt, ist ein bleistiftdickes, mehr oder weniger festes Röllchen, das lackschwarz ist, wenn man wie erforderlich, vorwiegend Fleisch füttert. Bei falscher Fütterung oder aber ausgelöst durch einen Schreck, kann die Losung gelblich und weich bis flüssig sein. Dünnflüssige Losung, mit Bläschen durchsetzt, ist ein Alarmzeichen und weist auf eine Magenverstimmung hin. Diese muss möglichst sofort durch Beigabe von Tierkohle zum Fleisch bekämpft werden.

Es ist ratsam, etwa zwei- bis dreimal jährlich auch das rundherum gesunde Frettchen dem Tierarzt vorzustellen. Er wird sich den Allgemeinzustand des Tieres anschauen, seine Zähne kontrollieren, eventuell seine Krallen schneiden und es impfen. Es empfiehlt sich, den Kot des Frettchens regelmäßig vom Tierarzt auf Parasiten unter-

Frettchen sind reinlich und benutzen gerne eine Katzentoilette. Damit wird die Reinigung des Geheges erheblich erleichtert.

55

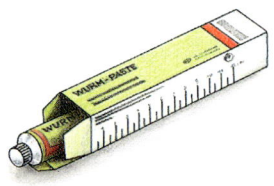

Wurmpaste.

suchen zu lassen. Außerdem sollte dreimal im Jahr eine Wurm-Pro-
phylaxe durchgeführt werden, die allerdings nicht nötig ist, wenn sich
bei der Kotuntersuchung kein Befall durch Würmer oder andere Darm-
parasiten gezeigt hat. Der Tierarzt berät sie dazu und hat die entsprechenden Mittel parat.

Parasiten

Wie alle unsere Heimtiere sind auch Frettchen vor äußeren und inne-
ren Parasiten nicht sicher. Innerlich finden sich Quälgeister wie Spul-
und Bandwürmer oder andere Erreger, die unter anderem Durchfall
verursachen können. Innerliche Parasiten können auch die Kondition
des Tieres bedeutend schwächen.

Werfen Sie regelmäßig einen Blick auf das Fell Ihres Frettchens:

Ständiges Kratzen kann ein Zeichen dafür sein, dass es von äußerli-
chen Parasiten befallen ist: **Flöhe** verursachen Hautveränderungen und
Rötungen, das Frettchen ist unruhig. Besonders durch Katzen und
Hunde können Flöhe übertragen werden. **Milben** siedeln sich in den
Ohrmuscheln an. In der Folge bilden sich übelriechende Ausflüsse und
Krusten. Durch den besonders unangenehmen Juckreiz in der Ohrregi-
on kratzt sich das Tier so lange, bis die Haut blutig wird. Schließlich
lauern noch **Zecken** beim Spazierengehen im Freien auf unseren Liebling. Zecken beißen sich rasch fest und saugen sich
voll Blut. Man kann sie allerdings relativ einfach
entfernen, indem man sie um die Körperachse aus
der Haut des Frettchens dreht. Es gibt dafür spezielle
Zeckenzangen im Handel, wenn man selbst nicht
den richtigen „Dreh" mit den eigenen Fingernägeln
heraus hat oder die Zecke nicht anfassen will. Gegen
Flöhe und Ohrmilben bleibt nichts anderes übrig, als
die chemische Keule einzusetzen. Flohmittel oder Mil-
benpaste erhalten Sie beim Tierarzt oder Fachgeschäften
für Heimtierzubehör.

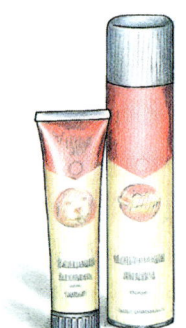

Hat das Frettchen
Flöhe, dann heißt es
zunächst: Baden.

> **TIPP**
> **Desinfektion** und ausgespro-
> chene **Sauberkeit** in der Schlafkiste
> sind Maßnahmen, die die Gefahr eines
> Parasitenbefalles reduzieren oder die-
> sen frühzeitig erkennen lassen.

Mit der Zecken-
pinzette lassen sich
Zecken schon im winzi-
gen Stadium entfernen.

Krankheiten

Der aufmerksame Frettchenbesitzer erkennt meist sofort, wenn es seinem Tier nicht gut geht. Veränderung im Verhalten und im Erscheinungsbild, Verletzungen, die Konsistenz der Ausscheidungen, Durchfall oder Verstopfung – das alles sind Zeichen, auf die der Tierliebhaber achten muss.

Beobachten Sie das äußerliche Erscheinungsbild Ihres Frettchens: stumpfes, mattes Fell, unreine Augen, Ohren oder Aftergegend, aber auch ungewöhnliches Verhalten wie Teilnahmslosigkeit, Verweigerung der Nahrungsaufnahme, sind Alarmzeichen! Ist die Ursache nicht ersichtlich, bleibt nur der Weg zum Tierarzt. Verdorbenes oder unbekömmliches Futter verursacht dünnbreiigen, hellgelben Kot als Anzeichen für Verdauungsbeschwerden. Nach einem Fastentag, an dem das Tier nur Wasser zur Verfügung haben sollte, kann mageres Fleisch, vermischt mit etwas Trockenfutter gereicht werden. Innerhalb von zwei Tagen sollte sich der Durchfall wieder gelegt haben. Ist dies nicht der Fall, ist unverzüglich ein Tierarzt zu Rate zu ziehen.

Routine-Gesundheitscheck

- **Augen:** Sind sie klar? Wässrige, verklebte sind Anzeichen von Gesundheitsproblemen
- **Barthaare:** Sind sie lang und weich? Kurze, abgebrochene sind Zeichen von schlechtem Futter
- **Hautkontrolle:** Streichen Sie über den ganzen Körper, um Entzündungen und Tumore oder Abszesse zu entdecken.
- **Fellkontrolle:** Zustand überprüfen, Krusten und rote Flecken auf der Haut sind Anzeichen von Flöhen.
- **Ohren:** müssen sauber sein
- **Ausscheidungen:** sollen normal und unauffällig sein

Ein gesundes Frettchen ist vergnügt und lebhaft und hat ein schönes Fell.

Grippe (Influenza) und Erkältungen:
Eine Krankheit, die den Frettchenbesitzer selbst manchmal plagt, die Influenza, kann auch von Mensch auf Tier und umgekehrt übertragen werden. Die Symptome sind ebenfalls gleich und flauen nach drei bis sieben Tagen wieder ab. In dieser Zeit ist es notwendig, das Frettchen zu schonen und keiner kalten Luft auszusetzen. Es benötigt sehr viel mehr Flüssigkeit zum Trinken und schläft dann sehr viel.

Lungenentzündung:
Symptome: wie beim Menschen, schweres Atmen, Fieber und eine Art „Schüttelfrost". Der Weg zum Tierarzt ist erforderlich, denn Lungenentzündung muss unbedingt mit Antibiotika behandelt werden, sonst wird sie verschleppt oder das Tier stirbt daran.

Verstopfung der Stinkdrüsen:
Zuweilen entstehen Entzündungen an den Analdrüsen. Auch hier hilft ein Antibiotikum. Vorbeugend sollte der Veterinär bei der jährlichen Impfung auch diese Drüsen überprüfen.

Impfungen

Erkrankungen wie Staupe und Tollwut können durch vorbeugende Impfungen verhindert werden. Für ungeimpfte Tiere enden diese Infektionen meist tödlich, außerdem ist Tollwut auch für den Menschen ansteckend und sehr gefährlich. Leben noch Hunde und Katzen im Haushalt, sollte darauf geachtet werden, dass auch diese regelmäßig ihre Schutzimpfungen erhalten. Wenn wir Frettchen auf Ausflüge mitnehmen, ist es ganz besonders wichtig, dass das Tier einen Impfschutz besitzt.

Impfplan für Frettchen			
Krankheit	Grundimmunisierung 1. Impfung	Grundimmunisierung 2. Impfung	Wiederholungsimpfung
Staupe	6. – 8. Lebenswoche	4 Wochen später	jährlich
Tollwut	13. Lebenswoche		jährlich
Beide Impfungen sind in der Folge jährlich zu wiederholen			

Verletzungen und Unfälle

Zahlreiche Gefahren lauern für unsere neugierigen Kobolde auch im normalen Wohnbereich, die seine Gesundheit und in manchen Fällen sogar sein Leben kosten können. Deswegen ist Vorsicht geboten: neben **giftigen Pflanzen** – Frettchen sind zwar Fleischfresser, kauen aber dennoch zuweilen spielerisch an Pflanzenteilen – sind **Chemikalien** wie Reinigungsmittel oder Medikamente sehr gefährlich. Räumen Sie alle diese Dinge so auf, dass das Frettchen bei seiner grenzenlosen Neugier nicht damit in Kontakt kommen kann. Frettchen haben die unangenehme Eigenschaft, kleine **Gegenstände** zu **verschlucken**. Lassen Sie aus diesem Grund in seiner Reichweite keinen Krimskrams herumliegen.

In der Menschenwohnung bestehen für die wendigen Kletterer auch vielerlei Gefahren, bei denen sie mechanisch verletzt werden können. In Türen, Fenstern und Schubladen können sie **eingeklemmt** oder **gequetscht** werden. Abstürze von höheren Möbelstücken, hohen Fensterbrettern, offenen Fenstern und Balkonen können ebenso vorkommen. Frettchen können sich auch an heißen Öfen, Bügeleisen, Zigaretten und Kerzen verbrennen oder einen Stromschlag erleiden, wenn sie Elektrokabel durchbeißen.

Vor jedem Einschalten der Waschmaschine ist es ratsam, in die Trommel zu schauen, ob sich nicht ein Frettchen diesen Ort als neue Schlafbox auserkoren hat. Es kommt sogar ziemlich häufig vor, dass das Frettchen versehentlich getreten wird. Gerade weil Frettchen nicht groß, sehr agil und neugierig sind, verunglücken oder verletzen sie sich trotz aller Sorgfalt in der Menschenwohnung recht oft.

Ist es zu einem **Unfall** gekommen, liegt eine Quetschung, Rückenverletzung oder Verstauchung der Wirbelsäule vor, dann wirken Wärme und ausgesprochene Ruhe heilend. Der Tierarzt unterstützt den Genesungsrozess dadurch, dass er Medikamente gibt, die die Muskeln entspannen und das Frettchen ruhigstellen. Solche Erholungsprozesse können von zwei Wochen bis zu zwei Monaten dauern. Bei

■ Elektrokabel werden von Frettchen gerne angeknabbert, deshalb Vorsicht!

TIPP

Gemeinsam mit der ganzen Familie sollten die **Gefahrenquellen** besprochen werden und mit Sorgfalt von allen darüber gewacht werden, dass keine Unfälle passieren.

■ Bevor man sich auf den Sessel oder die Couch setzt, sollte man nachschauen, ob sich nicht das Frettchen darin versteckt hat.

■ Unfallgefahr Nummer 1: Durch Unachtsamkeit kann das frei herumlaufende Frettchen leicht getreten werden.

Chemikalien und Haushaltsreiniger müssen frettchensicher untergebracht werden.

schlimmeren Verletzungen der Wirbelsäule können chirurgische Eingriffe nötig sein. Die Genesung beansprucht dann viel mehr Zeit.

Wenn die Haltungsbedingungen schlecht sind, die Tiere zum Beispiel auf feuchtem, verschmutzten Boden leben müssen, können mehr oder weniger starke **Entzündungen an den Pfoten** entstehen. Frettchen haben sehr empfindliche Sohlenballen. Deshalb dürfen sie keinesfalls auf Gitterrosten gehalten werden. Sie brauchen einen flachen Boden, der peinlichst trocken und sauber gehalten werden muss.

Besser als alle Behandlungen ist es, durch tägliche Kontrolle und Vorsicht beim Freilauf, Unfällen und Krankheiten vorzubeugen.

Bisswunden entstehen bei aggressiven Auseinandersetzungen von Frettchen untereinander. Auch bei allzu übermütigem Spiel kann es hin und wieder zu Bissverletzungen kommen. Diese Wunden sollten desinfiziert und beobachtet werden, heilen meist aber rasch wieder ab. **Größere Verletzungen** müssen vom Tierarzt behandelt und eventuell genäht werden.

Sind **chirurgische Eingriffe** erforderlich, sollten diese ohne Verzögerung durchgeführt werden. Verletzte Frettchen werden schnell schwächer und kommen in Gefahr auszutrocknen. Einige Stunden bis unmittelbar vor einer Operation sollte das Frettchen nichts zu sich nehmen, weder Futter noch Wasser. Befolgen Sie die Anweisungen des Tierarztes genau, da das Überleben Ihres Haustieres davon abhängen kann. Wenn das Frettchen nach dem Eingriff aufwacht, muss es unbedingt warm gehalten werden. Unterkühlung kann sonst zum Tod des Tieres führen.

Bei einer sehr ernsthaften Verletzung oder unheilbaren Krankheit bleibt als Ausweg nur die schmerzlose Euthanasie, um seinem Tier weitere Qualen zu ersparen. Es ist immer schwierig für einen Tierfreund, diese Entscheidung zu treffen, doch verkürzt man dem Frettchen langes Leiden. Das ist das Mindeste, das wir dem uns anvertrauten Tier schuldig sind.

61

Gesunde Frettchen sind sehr reinlich und halten ihr Fell sauber.

Körperpflege

Tägliche Körperkontrolle verrät den Zustand Ihres Tieres. Frettchen pflegen sich selbst und es ist nur ein Minimum an Körperpflege von Seiten des Besitzers erforderlich. Diese Tätigkeit bietet eine wichtige Kommunikationsroutine zwischen Ihnen und Ihrem Pflegling.

Baden

Normalerweise braucht ein Frettchen nicht gebadet werden. Es kann aber vorkommen, dass das Fell des Tieres zum Beispiel durch Transport oder Ausflüge verschmutzt wurde. Dann ist ein Bad unumgänglich.

Dazu wird eine Plastikwanne mit lauwarmem Wasser vorbereitet. Nachdem man das Fell des Frettchens nass gemacht hat, kann ein mildes Shampoo verwendet werden, das auch für Katzen oder junge Hunde geeignet ist. Manchmal ist es sinnvoll, ein Ungeziefershampoo zu benutzen, das nach entsprechender Einwirkzeit dann wieder gründlich aus dem Fell gespült werden muss. Das Frettchen hält man während der gesamten Badezeremonie fest und spricht beruhigend mit ihm.

1. Mit der Brause wird das Fell des Tieres mit handwarmen Wasser nass gemacht.

2. Ein möglichst schonendes Shampo wird aufgetragen und ein- massiert.

3. Mit viel Wasser wird das Sham- po ausgewaschen.

4. Mit einem Handtuch wird das Fell vorsichtig trocken gerie- ben. Anschließend soll das Tier in einem warmen Raum bleiben.

Dann trocknet man das Tier sorgfältig mit einem Handtuch. Wenn das Frettchen durch das Geräusch nicht nervös wird, kann mit einem Fön, eingestellt auf niedriger Stufe, nachgetrocknet werden. Nach dem Ba- den muss Zugluft vermieden werden und das Frettchen sollte noch eine Weile in einem warmen Raum unterge- bracht sein, denn Erkältungen können für Frettchen schlimme Folgen haben.

richtig

Krallenschneiden

falsch

Je nachdem, wieviel Kratzmöglichkeit und Bewegung das Frettchen im Freien hat, werden seine Krallen mehr oder weniger stark abgenutzt. Auch die Qualität des Futters

falsch

Der Lieblingsplatz der meisten Frettchen ist die Schulter seines Pflegers. Zuweilen schläft es dort sogar ein.

beeinflusst Wachstum und Gesundheit der Krallen. So kann es immer wieder erforderlich werden, sie einzukürzen, wenn sie zu lang geworden sind. Das geschieht am besten mit einer Nagelschere. Dabei ist darauf zu achten, dass nur die Krallenspitze abgeschnitten wird ohne die bis knapp dahinter reichenden Blutgefäße zu verletzen. Diese erkennt man ganz leicht, wenn man die Krallen gegen das Licht hält.

Ständige Kontrolle und die entsprechende Pflege der Krallen verhindert, dass sie sich verwachsen oder dass Entzündungen durch nicht behandelte Risse oder Verletzungen entstehen.

So kürzt man die Krallen korrekt ein.

Zahnpflege

Das Raubtiergebiss des Frettchens hat beachtliche Eckzähne. Diese können bei Abstürzen oder ähnlichen Unfällen abbrechen. Der Tierarzt muss den Zahn dann auf Entzündungen untersuchen und behandeln. Bei schlechter Ernährung kann Zahnstein auftreten, wobei die Backenzähne meist am stärksten betroffen sind. Zahnstein muss vom Tierarzt entfernt werden. Abwechslungsreiche Nahrung, keinesfalls nur Weichfutter, sondern zuweilen gereichtes, hartes Trockenfutter und festes Fleisch reinigt die Zähne, massiert das Zahnfleisch und beugt der Bildung von Zahnstein auf mechanische Weise vor.

Die Zähne sollten regelmäßig kontrolliert werden. Durch entsprechendes Futter werden sie gesund gehalten.

65

Das Züchten

Rechte Seite:
Die Zucht von Frettchen ist reizvoll – doch müssen wichtige Überlegungen angestellt werden.

Der Wunsch zu Züchten und Jungtiere großzuziehen, kommt bei Tierfreunden meistens auf, wenn sie eine Zeit lang eine Tierart mit Erfolg gepflegt haben. Selbstverständlich ist es reizvoll, die biologischen Abläufe einer Jungenaufzucht beobachten zu können. Frettchen zu züchten ist nicht allzu schwierig, vorausgesetzt, man besitzt ein Zuchtpaar und die entsprechenden Gehege. Fähe und Rüde sollen nicht nur körperlich gut entwickelt sein, sondern sich auch gut miteinander vertragen. Das eine wie das andere ist nämlich nicht immer der Fall. Bereits bewährte Zuchtpaare sind also besonders wertvoll.

Bevor Sie mit der Zucht von Frettchen beginnen, sollten Sie einige Überlegungen anstellen:

Um erfolgreich Frettchen züchten zu können, benötigen Sie mindestens zwei Käfige für das Pärchen und einen weiteren Käfig für die Welpen, wenn diese im Alter von acht bis zwölf Wochen von der Mutter getrennt werden. Das bedeutet, dass Sie entsprechend **Platz** für die Käfige, aber auch mehr **Ausrüstung** brauchen. Sie sollten daran denken, dass eine Zucht ungleich mehr **Zeit** und Betreuung der Tiere verlangt, als wenn Sie ein einzelnes Tier pflegen. Eine Frettchenfamilie wird mehr **Futter** benötigen – Fleischkost, keine „Milch-Semmeln"!

Frettchen sollten Sie wirklich nur dann züchten, wenn Sie Plätze für die Jungtiere, genügend Zeit und alles gut vorbereitet haben.

Haben Sie sich entschlossen, es mit der Zucht von Frettchen zu versuchen und Sie sind sicher, dass Sie diesen Aufwand zeitlich, finanziell und vom Platz her bewältigen können, dann kommt noch eine weitere wichtige Frage: Was wird mit den Jungtieren geschehen, die man selbst nicht behalten will oder kann? Lange bevor sie abgabebereit sind, sollten Sie sich schon um **gute Plätze** bemüht haben. Oder gibt es eine wirklich seriöse Zootierhandlung, die bereit ist, Ihre Jungtiere zum Verkauf anzubieten uns sie bis dahin entsprechend unterzubringen und zu pflegen?

Während der Trag- und Säugezeit braucht die Mutter besonders nahrhaftes Futter. Ab einem Alter von etwa drei bis vier Wochen müssen die Welpen mindestens dreimal täglich gefüttert werden und zwar immer ungefähr um die gleiche Zeit. Die Babyfrettchen haben noch einen kleinen Magen und vertragen es nicht, mal nach drei, dann wieder nach zehn Stunden Futter zu bekommen. Wenn Sie berufstätig

Eine Gruppe junger Frettchen ist manchmal kaum zu bändigen.

sind, ist zu klären, ob jemand anderes in der Familie diese **Fütterungszeiten** einhalten kann.

Das Zuchtgehege sollte an einem möglichst ruhigen Platz aufgestellt werden, wo weder fremde Menschen oder Hunde zu nahe kommen können. Das ist sehr wichtig, da die Fähen, auch wenn sie noch so zahm und gegenüber Störungen im normalen Fall unempfindlich sind, bereits kurz vor dem Werfen und besonders während der ersten Tage danach aus Sorge um die Sicherheit ihrer Jungen äußerst aufgeregt und nervös sind. Bei übermäßigen Störungen kann es sogar vorkommen, dass die Jungen von der Fähe getötet und aufgefressen werden.

Fortpflanzungsbiologie

Sie haben nun einen ruhigen Standort für die zusätzlichen Käfige, ein Familienmitglied hat sich bereit erklärt, die Fütterung der Jungtiere zu übernehmen und Sie haben bereits Abnehmer für kleine Frettchen, dann steht Ihrer Frettchenzucht nichts mehr im Wege ...

Frettchen sind nur zu einer bestimmten Jahreszeit paarungsbereit. Diese Periode, Hitze oder Ranzzeit genannt, dauert von März bis August. Das bedeutet, dass die Welpen in der warmen Jahreszeit geboren werden. Diese saisonalen Fortpflanzungszyklen werden durch jahreszeitliche Lichtintensitäten bestimmt. Die Tageslänge beeinflusst die hormonelle Steuerung dieser Abläufe. So gelingt es der Natur, sensible Perioden, wie Geburt und Jungenaufzucht in die möglichst optimale

Zeitspanne des Jahres zu legen. In dieser Zeit ist das Klima so, dass die Tiere ihre Jungen gut aufziehen können und ein Maximum an Futter (Beutetiere) vorhanden ist. Die Fähe kann, solange sie nicht aufgenommen hat oder auch, wenn ihr Geheck zugrunde gegangen ist, mehrmals in Abständen von sechs bis acht, mitunter auch zehn Tagen heiß werden. Nach Aufzucht eines Geheckes aber kommt die Fähe für gewöhnlich im selben Jahr nur noch ein zweites Mal in Hitze. Diese zeigt sich bei ihr durch eine starke Anschwellung und Rötung der Vulva, die groß wie eine Haselnuss wird. Dabei wird eine klebrige Flüssigkeit abgesondert, die sich auf die gesamte Unterseite der Hinterbeine, des Unterleibes und der Schwanzgegend verteilt.

Die Kommunikation über Gerüche bei Frettchen wird verständlich, wenn man beobachtet, wie die Fähe, die in Hitze ist, mit dem Bauch über dem Boden zu rutschen pflegt, auch wenn kein Rüde zugegen ist. Sie gibt dabei Duftstoffe ab – bringt Markierungen an, die die Rüden darauf hinweisen sollen: hier ist ein Weibchen in Paarungsstimmung!

> Rüde und Fähe kommunizieren besonders in der Paarungszeit über Geruchsmarken, mit denen sie sich gegenseitig aufeinander aufmerksam machen.

Die Hirnanhangdrüse schüttet das Follikel-stimulierende Hormon aus, das das Heranreifen der Eizellen in den Eierstöcken bewirkt. Der Eisprung bei der Fähe, der ja die Voraussetzung für die Befruchtung einer Eizelle ist, wird durch den Deckakt über eine Hormonausschüttung erst Stunden danach ausgelöst. Dies wird auch Spontan-Ovulation genannt.

Die Paarungsbereitschaft des Rüden ist durch die vergrößerten, hervortretenden Hoden zu erkennen. Paarungsbereitschaft und die Bildung von ausgereiften Spermien werden bei ihm durch den Anstieg des Testosteronspiegels gesteuert. Der schrittweise Anstieg des männlichen Hormons bedeutet, dass bei den ersten Paarungen noch keine ausgereiften Spermien vorhanden sind. Durch den Deckakt wird aber bei der Fähe dennoch der Eisprung ausgelöst.

Dem Paarungsakt geht stets ein längeres oder kürzeres Vorspiel voraus: Der Rüde läuft keckernd oder muckernd auf die Fähe zu, die ebenfalls muckert und manchmal mit gespreizten Läufen und seitwärts oder aufwärts gedrehter Rute mit flach an den Boden gedrückten Hinterleib hin und her rutscht. Eine Fähe, die auf diese Weise ihre Paarungsbereitschaft kund tut, wird dann meist sogleich vom Rüden mit den Zähnen fest im Nacken gepackt. Ist sie noch nicht paarungsbereit, setzt sie sich gegen den Rüden aggressiv zur Wehr. Das Vorspiel kann verschieden lang sein. Nach zehn Minuten bis einer Stunde werden die Tiere ruhiger und bleiben liegen, wobei der Rüde die Fähe am Nacken gepackt hält und sie mit den Vorderbeinen umklammert. Seitlich liegend findet die Begattung statt, möglicherweise mehrmals hintereinander. Jedenfalls

■ Der Rüde läuft
keckernd auf die Fähe zu
und packt sie mit den
Zähnen fest im Nacken.

■ Der Rüde hält die
Fähe mit den Vorder-
beinen umklammert.

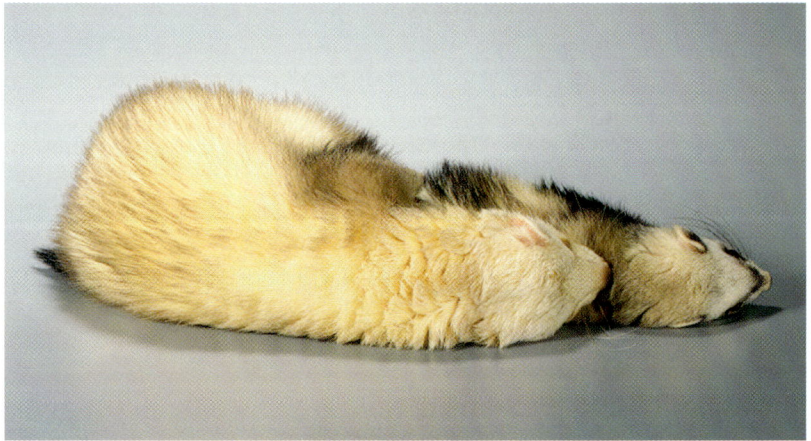

■ Die Begattung findet
seitlich liegend statt und
dauert länger als eine
Stunde.

70

behalten beide Partner eine Stunde und länger die Seitenlage bei, bis sie sich schließlich wieder von einander lösen. Nach einer kurzen Ruhepause wird der Akt erneut vollzogen.

Frettchen sind in der Regel polygam. Rüden decken mehrere Fähen. Hingegen lassen sich manche Fähen nur vom gleichen Rüden decken. Ein bis zwei Tage nach dem ersten Paarungsakt kommt es bei der Fähe durch die plötzliche Ausschüttung großer Mengen von luteinisierendem Hormon zum mehrfachen Eisprung. Sind die Eizellen in den Eileitern, können sie von den männlichen Spermien erreicht und befruchtet werden. Es ist ratsam, den Rüden nach 24 Stunden wieder von der Fähe zu trennen. Prinzipiell ist es besser, den Rüden auch während der gesamten Trag- und Säugezeit von der Fähe getrennt zu halten. Das Muttertier benötigt ausreichend Futter in dieser Zeit, was im Beisein des Rüden nicht immer zu kontrollieren ist. Zudem neigen trächtige Weibchen dazu, sehr nervös gegenüber Störungen zu reagieren. Es kann auch vorkommen, dass Rüden, wenn sie nicht separat gehalten werden, die neugeborenen Welpen töten und fressen.

Ist einer der Deckakte erfolgreich gewesen und eine Befruchtung erfolgt, so ist das an der wieder kleiner werdenden Vulva zu erkennen. Kommt es zu keiner Befruchtung, so bleibt die Fähe während der ganzen Aktivphase von März bis August hitzig. Es besteht die Gefahr, dass bei Nichtpaarung ein Hyperöstrogenismus entsteht (Dauerranz). Das bedeutet, dass das Hormon Östrogen auf Dauer toxisch wirkt und pathologische Veränderungen beim weiblichen Tier herbeiführen kann. Durch hohes Fieber, aber auch generellen physischen Verfall kann die Fähe in Lebensgefahr kommen. Dann muss der Tierarzt konsultiert werden. Eine zweite Negativerscheinung der Dauerranz ist, dass die Vulva der Fähe, wenn sie Monate lang aktiv bleibt, besonders anfällig wird für Infektionskrankheiten. Diese können ebenfalls für das Frettchen tödlich enden.

Achtung!
Dauerranz bei der Frettchenfähe kann zu schweren gesundheitlichen Problemen mit **Lebensgefahr** führen.

Abhilfe schafft hier nur die **Kastration**. Sollten Sie also nie mit Ihrer Fähe züchten wollen, so ist es ratsam, sie im Alter von etwa zehn Monaten kastrieren zu lassen. Auch die **Scheinträchtigkeit** wird dadurch verhindert. Diese tritt gelegentlich bei Fähen auf. Sie verhalten sich dann vorübergehend genauso, als ob sie trächtig wären, obwohl sie es in Wirklichkeit nicht sind. Eine normale Trächtigkeit kann plötzlich aus irgend einem Grunde stehen bleiben und die Föten bilden sich wieder zurück, anstatt sich weiter zu entwickeln. In beiden Fällen wirft die Fähe zum gegebenen Zeitpunkt keine Jungen und ihr Verhalten normalisiert sich dahingehend, dass sie wieder in Hitze kommt, sofern es nicht zu spät im Jahr ist.

71

Tragzeit, Geburt und Aufzucht

Die Tragzeit bei Frettchen beträgt 40 bis 42 Tage. Die Fähe, die nach erfolgreicher Paarung in ihren eigenen Käfig gezogen ist, erscheint dem Pfleger nervöser und schreckhafter. Auffallend ist, dass sie mehr frisst und auch mehr schläft. Oft wird sie mit fortschreitender Trächtigkeit immer unverträglicher. Diese Unverträglichkeit erreicht ihren Höhepunkt erst nach der Geburt der Welpen. Dann beißt sie unter Umständen sogar in die Finger ihres vertrauten menschlichen Pflegers.

Sind es zu Beginn Veränderungen des Verhaltens, die auf eine Trächtigkeit der Fähe hinweisen, so kann man nach drei Wochen auch äußerlich feststellen, dass der Körper an Volumen zunimmt. Ab jetzt spätestens ist besondere Vorsicht geboten, wenn man das Frettchen einfängt oder trägt. Auch beim Freilauf sollten Sie aufmerksamer sein. Aufgrund des veränderten Verhaltens wird das Frettchen anders reagieren als sonst und das Unfallrisiko kann steigen.

Während der Tragzeit sollte eine äußerst nährstoffreiche Ernährung mit Vitamin- und Kalkgaben, aber auch unbedingt genügend Trinkwasser angeboten werden. Geht die Tragzeit dem Ende zu, können Sie beobachten, wie sich die Milchleisten verdicken und schließlich die sechs bis acht Zitzen deutlich sichtbar werden.

Besonders jetzt ist peinliche Sauberkeit in Gehege, Kotkiste und Schlafkiste oberstes Gebot. Statten Sie nach der fünften Woche die Schlafbox mit völlig neuem Nistmaterial aus, denn in einigen Tagen wird die Geburt erfolgen.

Kurz davor reduziert die Fähe ihre Nahrungsaufnahme, trinkt jedoch sehr viel. Sie wird unmittelbar vor der Geburt sehr unruhig und läuft im Käfig herum, beschnuppert jede Ecke und zieht sich schließlich während der Nacht oder frühen Morgenstunden in die Schlafbox zurück. Mit Presswehen werden die fünf bis sieben Zentimeter großen und circa zehn Gramm schweren Welpen durch den Geburtskanal ausgetrieben. Sofort beißt die Mutter die Nabelschnur des Neugeborenen durch, leckt es trocken und frisst die Nachgeburt auf.

Lassen Sie sich nicht dazu hinreißen, aus lauter Neugier das Weibchen immer wieder zu stören oder sogar die Jungtiere herzuzeigen.

In der Regel besteht ein Wurf aus vier bis acht Jungtieren, wobei meist die Gehecke der Jungfähen nur wenige, spätere Würfe dann mehr Junge enthalten. Vereinzelt treten auch größere Würfe auf. So konnte der Autor bei einem Wurf einer seiner Zuchtfähen sogar 14 Jungtiere dokumentieren, von denen zwölf lebend zur Welt kamen. Ein solch großer Wurf bedeutet allerdings eine gewaltige Belastung für das Muttertier, das selbst sehr robust und gut genährt sein muss, damit es diese Anstrengung schadlos übersteht. Bei solch großen Würfen sollte man sobald wie möglich mit der Zufütterung der Jungtiere beginnen, um das Muttertier zu entlasten.

Die jungen Frettchen kommen mit geschlossenen Augen zur Welt. Nahezu nackt geboren mit schütteren, weißen Flaum, sind sie zuerst rosafarben. Erst nach einigen Tagen lässt sich die leichte Behaarung als dünnes, weißes Fellkleid erkennen. Unmittelbar nach der Geburt, die ein bis zwei Stunden dauern kann, werden die jungen Frettchen gesäugt. Man beobachtet, ob sich die Fähe verschreckt oder nervös verhält. Nachdem man ihr einen halben Tag Ruhe gelassen hat, ist es ratsam, die Schlafbox zu kontrollieren und im gegebenen Fall zu reinigen. Ist das Weibchen allerdings sehr aufgeregt, so sollte man den Käfig in Ruhe lassen. Selbstverständlich reichen Sie mehrmals Futter und kontrollieren und füllen die Trinkflasche nach. Meist ist es aber problemlos, das Weibchen auf die Hand zu nehmen und innerhalb des Käfigs sauber zu machen. Gegebenenfalls müssen, wenn sie das Weibchen nicht bereits selbst aufgefressen hat, tot geborene Welpen entfernt werden.

Im Alter von drei Tagen haben die Welpen bereits ein dünnes, weißes Haarkleid.

In der Phase der Jungtieraufzucht benötigen Fähen und die Neugeborenen so viel Ruhe wie möglich. Sie können die Aktivitäten der Jungtiere trotzdem verfolgen, denn Sie hören von außen den Nestlaut der Jungtiere, der wie ein feines Zwitschern klingt. Die Nestbox wird vom Weibchen selbst peinlich sauber gehalten. Nach dem Säugen werden sämtliche Jungtiere von der Mutter durch Belecken der Bauchregion zur Kot- und Urinabgabe veranlasst. Das Muttertier frisst die Exkremente auf und dadurch bleibt die Nestbox sauber. Die Futter-

73

gaben sollten in dieser Zeit qualitätsvoll und ausreichend sein, doch nicht im Übermaße, damit das Weibchen nicht beginnt, Futterreste in der Wurfbox einzulagern.

Die kleinen Welpen sind zuerst völlig hilflos und auf ihre Mutter angewiesen. Ihre Milch ist sehr nahrhaft und die Jungen wachsen rasch heran. Anfänglich schlafen sie die meiste Zeit, lassen aber, solange sie wach und hungrig sind, ihr Nestgezwitscher hören. Nach zwei Wochen haben die Tierchen bereits das sechs- bis siebenfache Gewicht als bei ihrer Geburt.

■ Mit drei Wochen ist die Fellzeichnung zu erkennen. Die Tiere wachsen nun schnell heran.

Ab der dritten Lebenswoche kann es schon nötig werden, die Schlafkiste täglich vom Kot der Jungtiere zu säubern, denn ab diesem Zeitpunkt können sie ihn selbstständig absetzen. Die Fähe frisst die Exkremente ihrer Jungen dann nicht mehr auf. Man kann jetzt die Jungtiere bereits füttern, das entlastet auch das Muttertier bei allzugroßer Jungenzahl. Gehacktes Fleisch, angereichert mit Vitaminen und Kalk, wird bald ein heißgeliebter Leckerbissen der Frettchenbabys sein. Es ist ein wichtiger Entwicklungsschritt für die Frettchenjungen, wenn sie beginnen, außer der Muttermilch auch feste Nahrung zu sich zu nehmen, auch wenn sie zuerst am Fleisch nur zu kauen versuchen.

Gleichzeitig beginnt sich, wenn es sich um junge Iltisfrettchen handelt, auf deren bisher weißem Haarkleid die dunkle Färbung und die

74

Mit sechs Wochen sind die Jungen fast selbstständig.

Gesichtsmaske abzuzeichnen. Die Lidspalten öffnen sich nach der vierten bis fünften Lebenswoche. Die beiden Augen gehen nicht zur gleichen Zeit auf, sondern im Abständ von zwei bis vier Tagen. Das Frettchenweibchen kümmert sich um ihre Jungen mit unglaublicher Sorgfalt und Umsicht. Mit noch geschlossenen Augen beginnen die Welpen schon auf wackligen Beinchen im Käfig umherzulaufen. Und mit grenzenloser Geduld trägt die Mutter sie mit dem speziellen Tragebiss im Nackenfell wieder in die Wurfkiste zurück.

Bleibt der Weg in die Zootierhandlung nicht erspart, so ist es moralische Pflicht, mehrere Tiere zusammen zu lassen, um Beschäftigung und Sozialverhalten garantieren zu können.

Sobald die Tiere die Augen geöffnet haben, werden diese Ausflüge natürlich gezielter. Zu diesem Zeitpunkt sollten die Welpen schon routinemäßig dreimal am Tag gefüttert werden. Das Futter besteht aus klein geschnittenem oder gehacktem Fleisch mit Vitaminen und Kalkanreicherung, vermischt mit einer kleinen Menge Haferflocken.

Die Jungen werden üblicherweise acht Wochen lang von der Fähe gesäugt. Frühestens jetzt können die jungen Frettchen an Neubesitzer abgegeben werden. Es ist jedoch anzuraten, den Wurf noch bis zum Alter von zehn Wochen zusammen zu lassen, denn damit erleben die Tiere eine wichtige Phase der Entwicklung des Sozialverhaltens. Damit gewährleisten Sie, dass Ihre Jungtiere sowohl physisch als auch psychisch gesund sind. Es wurde bereits darauf hingewiesen, dass es Tierquälerei ist, einzelne Tiere zu früh und in Einzelhaltung in die Zootierhandlung abzugeben.

Die jungen Frettchen wachsen sehr rasch und die Größenunterschiede zwischen Rüden und Fähen treten immer deutlicher hervor. Nach mehr

75

als zwei Monaten sind die jungen Frettchen nicht nur völlig selbständig, sondern gleichen bis auf eine geringere Körpergröße völlig ihren Eltern. Die Jungen sind wie ihre Eltern vorwiegend während der Nacht rege, am Tag hingegen geradezu auffallend schläfrig. Abends und nachts ist deshalb die beste Zeit, als Frettchenbesitzer zu dem Tierchen Kontakt aufzunehmen und mit ihm zu spielen. Mit den jungen Frettchen sollte man sich möglichst viel beschäftigen. Sie kennen Ihren Geruch und Ihre Stimme nach kurzer Zeit und werden durch viel Umgang mit „ihren" Menschen zu lebhaften, umgänglichen und völlig handzahmen Tieren.

Neue Züchtungen

Neben den reinen **Albinos** und den **Iltisfrettchen** sind in Laufe der Zeit weitere Züchtungen entstanden. Die Ursache dafür sind Mutationen – sprunghaft auftretende genetische Veränderungen. Bei gezielter Weiterzucht und Selektion auf bestimmte Merkmale haben sich in der Folge neue „Typen" entwickelt, von denen hier einige beschrieben werden sollen.

Verschiedene Farbkombinationen, bei denen das längere Grannenhaar eine andere Färbung aufweist als die Unterwolle, sind natürlich besonders auffallend. So haben die so genannten **Siamfrettchen** ein ähnliches Aussehen wie die gleichnamigen Katzen. Die **Harlekinfrettchen** wiederum tragen Wildfarben, allerdings haben sie eine weiße Brust und Pfoten. Diese beiden Farbvarianten gewinnen immer mehr an Popularität. Die Zuchtversuche gehen weiter, so gibt es bereits **Angorafrettchen** mit langem Deckhaar und Tiere mit silbrigem Fell oder gescheckten Abzeichen. Diese sind noch nicht häufig anzutreffen und verursachen auf Kleintierzüchter-Messen sehr großes Aufsehen. Es ist zu erwarten, dass die Züchter sich bemühen werden, viele von diesen und auch neue Varianten hervorzubringen.

Aus diesen Bestrebungen schlossen sich Züchter und einfache Tierliebhaber zu Klubs und Vereinen zusammen, von denen es inzwischen mehrere Hundert in den USA gibt. Auch in Deutschland werden es immer mehr. Außer zum Erfahrungsaustausch haben sich in den Klubs Vereinsmitglieder zu Zuchtgemeinschaften zusammengefunden. Es ist sehr erfreulich, dass man in Europa bei diesem Haustier doch sehr stark Wert auf eine qualitative Zucht legt, anstelle Frettchen nur in großer Zahl zu vermehren. Zu den Klubaktivitäten gehören auch Ausstellungen. Dort

Albino-Frettchen haben weißes Fell und rot erscheinende Augen durch das Fehlen des Pigments in der Haut.

Iltis-Frettchen besitzen wildfarbene Zeichnung: dunkle Maske, dunkle Extremitäten und Schwanz und sie haben schwarze Augen.

Siam-Frettchen haben ein helles Fell mit rauchfarbener Zeichnung.

werden Rassemerkmale ermittelt und festgelegt und schließlich Typ, Fell, Körper, aber auch, und das erscheint sehr wichtig, der Charakter der Tiere beurteilt. So ist zu hoffen, dass nicht dieselben Fehler einer rein optisch orientierten Zuchtauswahl gemacht werden, wie es bei zahlreichen Hunde- und Katzenrassen passiert ist. Denn daraus sind durch völlig unbiologische Zuchtkriterien lebensunfähige, verkrüppelte oder aggressive Tierrassen entstanden. Bei Pferd, Hund und Katze ist soeben eine Trendumkehr zu beobachten – ein Schäferhund darf in Zukunft als Rassemerkmal wieder eine Wirbelsäule haben, mit der er außer auf einer Ausstellung zu posieren, auch tatsächlich laufen kann. Deshalb sollten alle Frettchen-Vereine ihre Kraft daran setzen, neben dem Aussehen und allen Farbspielereien, die man züchterisch hervorbringen kann, besonders auf das Fundament des Körpers, die Leistung und die Charaktereigenschaften der Tiere zu achten. Im Anhang findet der interessierte Leser Adressen von Klubs und Vereinen, die sich mit dem Frettchen beschäftigen.

Der Amerikanische Traum?

Amerika – das Land ohne Grenzen. Auch für Frettchen Land der Extreme und Widersprüche. Dieser Ausflug soll Ihnen nicht vorenthalten werden. Die Zeitschrift **Ferrets** publizierte im Jahre 1998 Schätzungen, die davon ausgehen, dass bereits über zehn Millionen Frettchen in den USA als Haustiere gehalten werden. Gleichzeitig werden diese Tiere vielerorts noch in Laboratorien zu Versuchszwecken verwendet.

In einigen Staaten der USA, wie Kalifornien und Hawaii, ist das Frettchen als Haustier verboten, in machen Bundesstaaten und Städten braucht man Genehmigungen und an anderen Orten werden Frettchen wiederum heiß geliebt. Es existieren mehrere Fachzeitschriften, Hunderte von Vereinen und Klubs. Ausstellungen und Wettbewerbe werden veranstaltet und ein unglaublich vielfältiges Angebot an Zubehör wie T-Shirts, Kalender und Plakate ist für die Fans erhältlich. Wie nicht anders zu erwarten, treibt diese Art von „Tierliebhaberei" noch weit skurrilere Blüten. So gibt es den Plastik-Regenmantel mit Kapuze passend zur Fellfarbe oder sogar einen echten Trachtenanzug für das Tier. Selbstverständlich wird jeweils zur Farbe der Bekleidung des Herrchens und des Frettchens die passende Leine verwendet. Eine andere amerikanische Gepflogenheit ist es, mit einer Vielfalt an Duftstoffen und Präparaten dem Geruch der Frettchen entgegenzuwirken oder, besser gesagt, man versucht es.

Anstelle dieser vielleicht maßlosen, zumindest aber falschverstandenen Tierliebe sollten wir dagegen die Bedürfnisse der Tiere an die oberste Stelle setzen und uns mit aller Kraft darum bemühen, eine ihrer Lebensform entsprechende Haltung zu verwirklichen. Wenn wir das Tier vermenschlichen, missachten wir seine Würde, die es als lebendiges Wesen zweifellos hat.

Ein weißer Latz und weiße Zehen zeichnen das Harlekin-Frettchen aus.

79

Urlaub und Reise

Alle Haustierbesitzer stellen sich jährlich die Frage, ob sie ihren Liebling in den Urlaub mitnehmen oder zu Hause lassen sollen. Wollen Sie Ihr Frettchen in seiner gewohnten Umgebung lassen, so müssen Sie einen verlässlichen Pfleger finden, der das Tier entsprechend seiner Gewohnheiten umsorgt und auch betreut. Dazu sollten Sie Ihren Vertreter vor dem Urlaub unterrichten, wie und wann das Tier sein Futter bekommen muss, wie die Kotkiste und der Käfig zu reinigen sind, welche Kontrollen täglich nötig sind und wie er sich für einige Zeit am Tag mit dem Frettchen beschäftigt. Ausreichend Futter sollte vor der Abwesenheit eingelagert sein und ein genauer Fahrplan als Merkzettel aufliegen. Für das Frettchen ist es die beste Lösung, wenn es zu Hause bleiben kann.

Abenteuer oder Belastung

Mit der Entscheidung, das Tier in den Urlaub mitzunehmen, werden eine Menge **Vorbereitungen** anfallen, unabhängig davon, ob Sie im Land bleiben oder eine Auslandsreise unternehmen wollen. In manche Länder werden Sie Ihr Frettchen überhaupt nicht mitnehmen können. Das müssen Sie vorher wissen, sonst stehen Sie an der Grenze und dürfen nicht einreisen. Bei Auslandsreisen sollten Sie sich genau beim Tierarzt erkundigen, welche **Formalitäten** notwendig sind. Brauchen Sie eine Gesundheitsbescheinigung, ist Ihr Impfpass gültig oder gibt es gar Quarantänebestimmungen, so dass es sich nur bei einem Aufenthalt von mehreren Monaten lohnt, das Frettchen mitzunehmen?

Prinzipiell vertragen Frettchen **Transport** und Reise ohne Probleme. Wenn Sie einen entsprechende Transportbox besitzen, an die das Tier bereits gewöhnt ist, so ist die Fahrt im Auto und auch in der Bahn unproblematisch. Wichtig während der Reise ist, dass der Transportbehälter genügend gelüftet ist. Das Frettchen muss ausreichend Sauer-

Checkliste für den Urlaub mit dem Frettchen

- Information der Ausreise- und Einreisebedingungen für das Frettchen
- Versorgung mit den nötigen Papieren wie gültiger Impfpass, Gesundheitsbescheinigung etc.
- Erforderliche Ausrüstungsgegenstände: eine Transportbox, Futter- und Trinkgefäße, Kotkiste, Schlafbox, Spielzeug
- entsprechender Vorrat an Futter, Trockenfutter eignet sich gut für die Reise, trotzdem sollte auch im Urlaub Fleisch gefüttert werden.

---

stoff bekommen und es darf keine Hitzestau erleiden. Egal ob mit der Bahn oder mit dem Auto, das Tier soll während der Reise in jedem Fall im Transportkäfig bleiben. Ein freilaufendes Frettchen im Auto kann gefährliche Situationen herbeiführen, wenn es zwischen den Pedalen herumkriecht. Bei längeren Fahrten müssen Sie Pausen einlegen und das Frettchen mit Wasser versorgen.

Am **Aufenthaltsort** brauchen Sie natürlich einen größeren Käfig. Dieser Käfig kann auch eine leichte Klappvariante in Form eines Gitterkäfigs sein kann. In diesem Falle sollte man das Tier schon zu Hause an den Käfig gewöhnen. Sicherheitshalber sollten Sie an Ihrem Urlaubsort, im Hotel oder bei den Vermietern der Ferienwohnung, in der Sie wohnen wollen, vor Antritt der Reise nachfragen, ob Sie Ihr Frettchen auch tatsächlich mitbringen dürfen. In den meisten Fällen ist das kein Problem. Bedenken Sie dennoch, dass der Frettchengeruch nicht für jeden Urlauber in einem Hotel so selbstverständlich ist wie für Sie und dass sich andere Gäste durchaus gestört fühlen könnten.

Eine luftige Transportbox ist Frettchens Reiseabteil während der Fahrt in den Urlaub.

Am Urlaubsort angekommen, gönnen Sie Ihrem Haustier einige Zeit Ruhe. Auch wenn das Frettchen zu Hause in der gewohnten Umgebung frei herum laufen darf, so ist das Risiko in unbekannter Gegend doch zu groß und man sollte aus Sicherheitsgründen das Frettchen nur an der Leine führen. In ungewohnter Gegend kann sich das Tier leichter erschrecken und sich in seiner Panik irgendwo ein Versteck suchen, in dem Sie es nicht mehr finden.

Wenn Sie alle diese Dinge beachten und zudem einen eher erholsamen als einen Aktivurlaub wählen, dann wird Ihnen Ihr Haustier nicht nur daheim, sondern auch in der schönsten Zeit des Jahres Freude bereiten.

Was tun, wenn Ihr Frettchen entläuft?

- Sind Frettchen ganz auf ihren Pfleger geprägt, bleiben sie gerne in der Nähe. Doch weil sie so abenteuerlustig sind, kann es besonders in ungewohnter Umgebung im Urlaub schon passieren, dass sich das Frettchen verläuft.

- Ist Ihr Frettchen entwischt, suchen Sie zuerst alle Verstecke und Schlupfwinkel ab und rufen Sie seinen Namen. Stellen Sie an dem Platz, wo es verschwunden ist, seine Transportkiste oder die Schlafbox auf. Wenn das Frettchen zurückkommt, wird es zuerst einen gewohnten Ort – seine Box – aufsuchen.

- Sollte das Frettchen nicht auftauchen, melden Sie der Polizei, dem Tierarzt, dem Tierschutzverein und auch dem diensthabenden Förster, dass das Tier fehlt. Bleibt es über Nacht weg, kann es durch Straßenverkehr oder Hunde in Gefahr kommen.

- Bei Freilauf sollten Sie immer ein Auge auf Ihren Kobold haben, ihn an der Leine führen oder sich überlegen, ob Sie Ihr Tier markieren und registrieren lassen. Dann ist die Wahrscheinlichkeit größer, dass Sie bei Verlust als der Besitzer des Frettchens identifiziert werden können und Sie es wiederbekommen oder wenigstens erfahren, was mit ihm passiert.

- Es gibt verschiedene Möglichkeiten, das Frettchen zu markieren. Der Tierarzt kann einen Mikrochip mit einer elekronisch gespeicherten Registriernummer unter die Haut setzen, so wie dies bei vielen Katzen und Hunden inzwischen gemacht wird. Mit einem speziellen Lesegerät kann die Nummer entweder vom Tierarzt oder von Tierheim abgelesen und bei den Registrierstellen nach dem Tierbesitzer geforscht werden.

- Es ist nicht üblich, Frettchen tätowieren zu lassen, deshalb versehen manche Besitzer ihr Tier mit einem Halsband, an dem die Adresse befestigt ist. Dabei sollte darauf geachtet werden, dass das Halsband eine flexible Stelle aus Gummiband hat. Wenn das Tier am Halsband hängen bleibt, kann es mit dem Kopf herausschlüpfen. Bei Katzen werden solche Halsbänder verwendet und sie eignen sich auch für Frettchen, wenn man sie etwas enger einstellt.

Auf einen Blick

Besonderheiten	• marderverwandt, dämmerungsaktiver Jäger, • aktiv und neugierig • wildartiger Duft, Fettpolster werden im Herbst aufgebaut, daher deutliche Gewichtszunahme in dieser Zeit • leicht zu zähmen, können sehr anhänglich werden
Farben	weiß (Albinos), wildfarben (Iltisfrettchen), hell ohne Maske (Siamfrettchen, wildfarben mit weißen Abzeichen (Harlekinfrettchen).
Körpergewicht	Rüde: bis 2000 g, Fähe: bis 850 g
Körpergröße	Rüde: bis 60 cm, Fähe: 25 bis 40 cm
Lebenserwartung	ca. 7 bis 10 Jahre
Ranzzeit	März bis August
Tragezeit	40 bis 42 Tage
Wurfgröße	4 bis 8 Welpen, Jungtiere werden ca. 8 Wochen gesäugt
Entwöhnung	ab der dritten Woche können die Welpen zugefüttert werden
Abgabealter	10 Wochen
Impfungen	gegen Staupe und Tollwut
Käfig	Mindestmaße: Höhe 60 cm, Fläche 1,5 bis 2 qm Ausstattung: Schlafkiste, 40 x 30 x 30 cm, Toilettenkiste, Futter- und Wassernäpfe, Beschäftigungsmöbel wie Röhren, Hängematte und Spielbälle
Gehege	ideal im Freien, muss ausbruchsicher gebaut sein
Pflegemaßnahmen	Wohnbereich: gründliche, regelmäßige Reinigung des Käfigs und der Gegenstände
Futter	Fleisch mit pflanzlichen Anteilen (20 %), Eier, Eintagsküken, spezielles Fertigfutter für Frettchen. Menge: 150 bis 200 g/Tag für ein ausgewachsenes Tier
Gesundheit	Vorsorge: regelmäßige Kontrolle auf Parasiten, des Allgemeinzustandes, der Zähne und Krallen und der Ausscheidungen Pflegemaßnahmen bei den Tieren: Baden bei Parasitenbefall oder Verunreinigung des Fells, Krallenschneiden
Unfallgefahren	• Vergiftung durch Pflanzen, Haushaltschemikalien oder Medikamenten • Elektrokabel, Einklemmen oder Quetschen, • Verschlucken kleiner Gegenstände • Bisswunden bei Rangkämpfen untereinander
Ausrüstung	Transportbox, Geschirr mit Leine
Frettchensprache	Keckern bei Aufregung, Muckern als Wohlfühllaut

Adressen

Das Frettchen im Internet

Rechte Seite: Neugierig und anhänglich zugleich unternimmt das Frettchen gerne gemeinsame Ausflüge mit seinem Menschen.

Moderne Medien wie das Internet und E-Mail sind bereits zur alltäglichen Informationsquelle geworden. So ist es auch nicht verwunderlich, dass es im WorldWideWeb unzählige Adressen zum Thema Frettchen gibt. Da regelmäßig neue auftauchen, wird empfohlen, mit Suchmaschinen auf das Stichwort „ferret" zu recherchieren. Sie werden überrascht sein, wie umfangreich die Anzahl der Treffer ist. Einige der Adressen, die bereits seit einigen Jahren existieren, sollen hier angeführt werden:

http://www.netportal.de/saeugetiere/frettchen
Ferret central – http://www.ferretcentral.org
Ferret world – http://www.ferretworld.com
The World Ferret Union and World Ferret Information Center –
http://www.home.worldonline.ne/ wfu/ csmith
Homepage zum Buch „Frettchen als Haustiere" –
http://www.frettchen.de (deutschsprachig)

All diese Webseiten haben Links zu anderen Websites. So können Sie sich Ihr eigenes Informationszentrum aufbauen und erfahren Neues über Züchter, Zubehörhändler und schließlich Kontaktadressen zu

Klubs, verteilt über die ganze Welt. Neben Information beinhalten Webseiten auch viele Fotos.

Außerdem können Sie sich über das Internet in sogenannte Mailing-Lists eintragen lassen. Nach einer Anmeldung per E-Mail erhalten Sie regelmäßig ein Paket von Anfragen und Antworten. An diesem Diskussionsforum können Sie sich aktiv beteiligen, dabei internationale Kontakte knüpfen und schließlich Erfahrungen austauschen. Um in eine dieser Listen (Ferret Mailing List) aufgenommen zu werden, senden Sie eine E-Mail an: listserve@cunyvm.cuny.edu mit dem Text SUBSCRIBE FERRET<Vorname><Nachname>.
Eine andere nennt sich Ferret-Forum Mailing List, Sie melden sich an bei ferret-forum-request@majordomo.net mit einerm einfachen SUBSCRIBE als Text.
Beide Foren werden in englischer Sprache geführt.

Wichtige Adressen

1. Bundesverband der Frettchenfreunde Deutschlands e. V.
Michel Fortier
Königsberger Straße 35
D-78073 Bad Dürrheim
Tel. +49-7726-7787
Fax + 49-7726-977565
E-Mail: Mfor259514@AOL.com

1. Bundesverband der Frettchenfreunde Deutschlands e. V.
Geschäftsstelle Frankfurt am Main
Dürkheimer Straße 72
D-65934 Frankfurt am Main
Tel. +49-1777-391-547

Frettchen-Club Berlin e. V.
Kerstin Fritsch
Düsseldorfer Straße 13
D-10719 Berlin
Tel. +49-30-8839793

Frettchenfreunde an der Weser
Kerstin Steenken
Heidstraße 73
D-28790 Schwanewede
Tel. +49-421-683340

Frettchen und Marderclub
Deutschland e. V.
Astrid Hauwetter
Hagebuttenweg 29
D-30657 Hannover
Tel. +49-511-6062700

Frettchenfreunde Rhein-Ruhr
Martina Kerkmann
Karolinenstraße 9
D-46049 Oberhausen
Tel. +49-208-292727

Frettchen und Frettier Club
Deutschland e. V.
Wolfgang Schneider
Alte Frankfurter Straße 40
D-61118 Bad Vilbel
Tel./ Fax. +49-6101-85859

Frettchenfreunde Schwarzwald-
Baar
Silke Fortier
Königsberger Straße 35
D-78073 Bad Dürrheim
Tel. +49-7726-7787
Fax +49-7726-977565

Frettchenfreunde NRW e.V.
Alexandra Nagel
Asselburgstraße 78
D-44319 Dortmund
Tel. +49-231-279995

Frettchengilde 1993
Dieter Schmidt
Wehringhauser Str. 79
D-58089 Hagen
Tel. +49-2331-331767

Frettchen Fans Frankfurt
Sigrid und Rüdiger Appelt
Dürkheimer Str. 72
D-65934 Frankfurt
Tel. +49-69-391547
Fax +49-69-38995832

Tierhilfe und Beratung Allgäu
Michael Matschulat
Kaufbeurener Str. 14
D-87666 Mauerstetten
Tel./ Fax +49-8341-100383

Unabhängige Frettchenliebhaber
Deutschlands
Andrea Graewenig
Gerther Straße 90
D-44577 Castrop-Rauxel
Tel.+49-2305-962574

Frettchenhilfe
Heike Fischer
An der Bauerbank 14
D-50354 Hürth
Tel./ Fax +49-2233-46731

Frettchenhilfe Köln
Monika Floret
Gotenstr. 10
D-50998 Köln
Tel. +49-221-353642

Frettchenstammtisch Freiburg
Heike Nieland
Libellenweg 13
D-79110 Freiburg
Tel. +49-761-808431

IG Frettchen
Uwe Frank
Oebleser Str. 37
D-96231 Bad Dürrenberg
Tel./ Fax +49-3462-35730

Eva Abedi
Paulstr. 10
D-42267 Wuppertal
Tel. +49-202-561704

Ostbayerische Frettchen
Association
Daniela Schmatz
Isarstraße 67
D-93057 Regensburg
Tel. +49-941-448954

Frettchen Info Team
Doris Bülow, Gaby Diekfoß
Seeburger Straße 4
D-13589 Berlin
Tel. +49-30-3322757

Frettchenfreunde Chemnitz
Ines und Steffen Mey
W.-Verner-Straße 70
D-09120 Chemnitz
Tel. +49-371-213799
Fax +49-371-2802109

Frettchen- und Marderclub
Baden-Württemberg
Tanja-Sabrina Steinbach
Forststraße 10
D-74376 Gemmrigheim
Tel. +49-7143-95025

Frettchenclub Nordharz
Thomas Niewandt
Bauernholz 6 f
D-38642 Goslar
Tel. +49-5321-64538

S.F.F.S. Swiss Fancy Ferret
Society
Urs Murbach
Hardstraße 41
CH-5432 Neuenhof

Frettchenhilfe Krehl
Roswitha Krehl
Schummerstraat 4
NL-6462 GE Kerkrade
Tel. +31-45-5671434
Fax +31-45-5671436
E-Mail: bruno@cnci.nl

Literatur

Deutschsprachige Literatur

Benecke, N.: Der Mensch und seine Haustiere. Verlag Theiss, Stuttgart 1994.

Bethcke, H.: Vergleichende Untersuchungen von Frettchen und Iltissen. Zoolog. Jb. 36, S.589-620.

Choukair, K.: Frettchen als Haustiere. Kach Verlag, Hanau 6. Auflage 1997.

Choukair, K.: Frettchen. Gräfe und Unzer Verlag, München 1999.

Engel, P.: Frettchen und Frettieren". Verlag Dieter Hoffmann, Mainz 1984.

Franke, E.: Das Frettchen. Verlag von J. Neumann, Neudamm 1907.

Grzimek, B.: Grzimeks Tierleben, Band 12, Säugetiere. Band 3, Kindler Verlag Zürich 1972.

Grzimek, B.: Grzimeks Enzyklopädie, Säugetiere, Register, Kindler Verlag, München 1989.

Herter, K.: Iltisse und Frettchen. Neue Brehmbücherei, Heft 230, Wittenberg 1959.

Murr, E.: Beobachtungen über die Paarung des Frettchens. Zool. Garten, 4, S. 289-291, 1931.

Sander, B.: Iltisse, Zucht und Haltung. Animal Verlag, Burgdorf 1983.

Usinger, A. und Parey, P.: Die Jagd mit Frettchen und Uhu. Verlag Paul Parey, Hamburg und Berlin 1964.

Englischsprachige Literatur

Bell, J.: The Pet Ferret Owner's Manual. Miracle Workers 1995.

Bucsis G., Somerville, B.: Training Your Pet Ferret. Barron's Educational Series, Ing., October 1997.

Fox, J. G.: Biology and Diseases of Ferret. Lea and Febiger, Philadelphia. 1998.

Lynn, E. and Morton, C.: Ferrets. Barron's Educational Series, New York 1985, 1995.

McKay, J.: The Ferret and Ferreting Handbook. The Crowood Press, Ramsbury 1989.

McKay, J.: Complete Guide to Ferrets. Swan Hill Press Bristol1995.

Ovechka, G.: Ferrets as a New Pet. T.F.H. Publications, Inc., New York 1995.

Porter, V. and Brown, N.: The Complete Book on Ferrets. D. & M. Publications, Bedford 1993.

Roberts, M. F.: All About Ferrets. T.F.H. Publications, Inc., New York 1977.

Rosenthal, K.: Ferrets. In: Queensberry, K.E. und Hillyer, E.V. (Hrsg.): Exotic Pet Medicine. The Veterinary Clinics of North America (Small animal Practice), 1994, 24(1).

Shefferman, M. R.: The Ferret: An Owners Guide to a Happy Healthy Pet. NY: Howell Book House, 1996.

Winstead, W.: Ferrets. T.F.H. Publications, Inc., New York 1981.

Winsted, W.: Ferrets in Your Home. T.F.H. Publications, Inc., New York 1990.

Zeitschriften (englisch)

Ferrets USA Magazine wird jährlich einmal herausgebracht von Fancy Publications Inc., 3 Burroughs, Irvine, CA 92618, USA.

Modern Ferret ist ein monatliches Magazin, PO Box 1007, Smithtown NY 11787, USA.

Register

Die Deutsche Bibliothek – CIP-Einheitsaufnahme

Schwammer, Harald:
Frettchen / Harald M. Schwammer. – Stuttgart
(Hohenheim) : Ulmer, 2000
(Heimtiere)
ISBM 3-8001-7470-7

© 2000 Verlag Eugen Ulmer GmbH & Co.
Wollgrasweg 41,
70599 Stuttgart (Hohenheim)
E-Mail: info@ulmer.de
Internet: www.ulmer.de
Printed in Germany
Lektorat: Dr. Eva-Maria Götz
Herstellung, Layout & DTP: Ulla Stammel
Druck und Bindung: Georg Appl, Wemding

Danksagung

Die Fotografin und der Verlag danken Sabina Vrovcevic, Eglosheim; Familie Breunle, Wendlingen; Herrn Arnold und Frau Koch, Leinfelden; Anja Meißner, Brackenheim; Sandra Meixner, Esslingen; Kerstin Wiedel, Göppingen; Familie Arlt, Stuttgart; Inka Martens und Mathias Schwächer, Remshalden; Frau Rilling und Herrn Kraus, Stuttgart, für die Zeit und Geduld, die sie mit Ihren Frettchen für die Fotoaufnahmen aufgebracht haben.

Bildquellen

Ines Brandau, Gaudies (Frankreich): Seite 23, 28/29, 38 (links), 39.
Dr. Eva-Maria Götz, Stuttgart: Seite 82.
Bildagentur IPO, Linsengericht: Seite 13, 26, 47, 74.
Naturfoto Kuczka, Wetter: Seite 6.
Regina Kuhn, Stuttgart: Titelbild (groß), Titelbild (klein), Bild im Kolumnentitel, Seite 1, 2, 3, 5, 7, 8 (2x), 9, 12 (2x), 14, 15, 17, 18, 19, 20 (2x), 21, 22, 24, 25, 31, 32, 33, 34, 37, 38 (rechts), 40, 42, 43, 46, 49, 50, 51 (2x), 52/53, 54, 55, 57, 59, 60, 61, 62, 64, 65, 67, 68, 70 (3X), 75, 77, 78, 79, 80, 81, 83, 85, 87, Umschlagrückseite.
Günter Moosrainer, Osterhofen: Seite 11.

Die Zeichnungen fertigte Christiane Gottschlich, Berlin nach Vorlagen des Verfassers und aus der Literatur.

Wenn Sie mehr wissen wollen...

HEIMTIERE HALTEN
MÄUSE
ULMER

HEIMTIERE HALTEN
HAMSTER
ULMER

HEIMTIERE HALTEN
ZWERG-KANINCHEN
ULMER

Manche mögen sie über alles: Mäuse. Zu Recht, denn nur wenige Heimtiere haben so viele Vorteile. Dieses Buch versucht auf komprimierte Art, diese Vorzüge herauszustellen und bietet noch unerfahrenen Liebhabern dieser kleinen Nager - bis hin zu Rennmäusen oder Ratten - eine erste Hilfe für eine tiergerechte und einfache Haltung. Eine kurze Übersicht über Verhalten und Lebensweise hilft, die eigenen Tiere und deren Bedürfnisse besser zu verstehen.

Mäuse. Ratten und Rennmäuse. *G. Gaßner. 2. Aufl. 1997. 48 S., 49 Farbfotos, 22 Zeichn. ISBN 3-8001-7370-0.*

Der Goldhamster und seine Verwandten, die Zwerghamster, sind altvertraute und begehrte Heimtiere. Haltung und Pflege setzen das notwendige Wissen über die Lebensweise und -gewohnheiten dieser weitgehend nachtaktiven Nagetiere voraus, damit sie sich bei uns wohlfühlen. Dieses Buch behandelt alle wichtigen Fragen wie: Hamster als Geschenk. Wie soll der Käfig aussehen? Woran erkennt man gesunde Tiere? Die Zeit der Eingewöhnung. Das richtige Futter.

Hamster. Goldhamster, Streifenhamster und Dsungarien. *G. Gaßner. 2. Aufl. 1996. 48 S., ISBN 3-8001-7346-8.*

Zwergkaninchen werden im Haus wie im Garten vor allem von Kindern als beliebte Heimtiere gehalten. Dabei ist es wichtig, die Bedürfnisse von Mensch und Tier miteinander in Einklang zu bringen. Die notwendigen sachkundigen Hinweise bietet dieser Band: Geeignete Käfige und Ställe. Ein oder mehrere Kaninchen. Kaninchen im Garten? Das erforderliche Futter und die richtige Futtermenge. Pflegearbeiten. Nachwuchs: ein oder kein Problem? Farbe und Fell.

Zwergkaninchen. *D. Altmann. 2. Aufl.1996. 48 Seiten, 41 Farbfotos, 27 Zeichnungen. ISBN 3-8001-7344-1.*

Ratten. *Georg Gassner. 1998. 48 Seiten, 43 Farbfotos, 22 Zeichnungen. ISBN 3-8001-7396-4.*

Meerschweinchen. *Dietrich Altmann. 2. Auflage 1997. 48 Seiten, 36 Farbfotos, 23 Zeichn. ISBN 3-8001-7369-7.*

Katzen. *Birgit Gollmann. 2. Auflage 1999. 48 Seiten, 35 Farbfotos, 24 Zeichnungen. ISBN 3-8001-7438-3.*